跳海不成的創業人生

從跳海到跳級，
以反骨精神，打造勝利人生！

楊濟華 著

自序

要活下去，就要打造有價值的人生！

這本書特別想與沒有高學歷、財力及人脈背景的年輕人分享，不要看輕自己，若是能以創業的精神，敬業工作，不怕跌倒，進一步充實自己，必會有光輝人生。

學歷只代表你有理論基礎，但如果沒有足夠的跌倒經驗，可能說明你的同理心、創意必定不夠扎實；只有勇於挑戰、失敗中的反省、淬鍊出務實的競爭力，才是下一場戰役得勝的關鍵。

沒有經驗不可恥，叛逆沒什麼不好，被傳統框架困住才可悲。區隔、創新才有藍海，但我們需要有足夠的經歷，才能檢驗邏輯以及證據的務實性。

人生如有夢想，隨時激發創意，細心檢驗策略，勇於執行，隨時反省，終究夢想成真。成功地擁有自己的作品、事業、發光發熱的人生，並能盡點回饋社會的責任。

每個人都能有「跳海不成的人生」。

第一章

跳海不成的創業人生

第二章

石油危機，財產一夕歸零——轉戰服務業

第六章 讓義大世界攀上高峰

第七章 起死回生的實例分享

第八章 服務業的未來趨勢

後記 我的心願——企業義診

chapter 1

跳海不成的創業人生

我的人生從跳海不成開始

不放棄人生，人生就不會放棄你，從零開始也能再登高峰！

你曾想像過，在南台灣的偏遠荒山上蓋一個國際觀光度假村，會是什麼命運嗎？只要稍微有點常識的人，內心一定會想：找死嗎？還是嫌錢太多花不完？

當初提出這個主意的人，是全球十大鋼鐵集團之一義聯集團的董事長林義守先生，林董事長找了我這個對服務業、主題遊樂完全沒經驗的門外漢，來為他實現這個夢想。我們對於蓋一座國際觀光度假村，以及如何經營維運完全沒有概念，也沒有經驗。這樣兩個素人的組合，再加上一個天方夜譚式的夢想，就好像注定這個國際觀光度假村在還沒開張前，就要面對坎坷的命運了。

但是今日的「義大世界」，擁有全台最受歡迎的主題樂園，短短幾年之間，就得到入園人數、滿意度、營收的三冠王；全台灣第一個國際級Outlet Mall，也是亞洲最大、加上兩家五星級飯店，讓義大世界躋身年營業額百億俱樂部，不僅吸引台灣在地的民眾，從香港、中國等地慕名而來的遊客，更是不計其數。

看著這樣的成績，除了感到全力拚搏後的安慰，對於人生之路的變化與曲折，難免有深深的感悟。

我從來沒有上過一天班，因為打從出社會開始，我就走上創業之路。而後進入義聯集團，一切從零開始，也等於是一種創業。

跳海不成的人生

但是如果把時間再往前推一點，我可能連創業之路都沒有，因為在當兵的時候，我差一點就去跳海了。

那時我在高雄左營港務隊服役，港務隊是在海軍港口維持港內運作的一個單位，退伍前我已經當上一艘小艇的艇長。那件事情發生的時候，我只剩不到一個多月就要退伍，準備等著出社會過快樂人生。

當時我服役的小艇，都停在碼頭邊，因為在海上，雖然船是靠著碼頭，但是任何人要上船，都必須從陸地過來，我們都會在船的入口放哨，如此一來，無論什麼人要登船，或是有什麼動靜，一定會有人通知，所以我們可以很安心，在船上逍遙過日子。

平常大家無聊的話，就會一起打打撲克牌，只要桌上沒有錢，偶爾玩玩撲克牌打發時間是沒什麼問題的。不過，因為船上都是自己人，又沒有太多的事要忙，所以除了打打撲克牌，我們不時還會偷偷打麻將。

那個年代，在部隊裡面打麻將是一件極為嚴重的事情，但我們就是忍不住。

年輕時的第一個的危機

那一天，我和同袍閒來無事又打起麻將，當天我手氣大好，輪到我當莊家一連贏了三把，連三的情況下，很快的我又聽牌了，我還記得很清楚，那把牌我聽的是二、五、八餅，就在我摸到二餅，喜不自禁心中暗爽的時候，突然聽到上面站哨的人喊著：「水來啊！水來啊！」這是我們的暗語，意思是有人來了，提醒大家要注意。

才正要大展身手贏錢的時候，哪會這麼剛好有人來攪局？我覺得很可能是同袍之間在胡鬧，因為有時候別艘船上的老兵知道我們在打麻將，常常會亂喊一通跟我們開玩笑，平常我都會多問一句到底是真的還假的，不過那天打牌打得正順手，讓我完全沒想要多問。

另外三個牌友一聽到暗語，一副求之不得，總算獲救的表情，乘機要用墊在桌上的毯子把麻將打包收走時，我立刻大喊：「不准動！免講水來啊！火來嘛同款！」然後，當我準備把我摸到的二餅往桌上敲下去時，手卻被人架住動不了。

我心想：「這裡我最大，誰敢對我這樣子？」仔細一看，怎麼是個穿綠色制服的人，回頭再往上一瞧，架住我的人不但穿著綠色制服，而且這個人戴的帽子還長草。

海軍穿的是藍色的衣服，綠色是憲兵的制服顏色，而整個左營軍區唯一一個著綠色制服，帽子上還長草的，就只有一個人了。

「天啊！是憲兵司令！這下完蛋了！」我才剛剛意識到抓著我的手的

人是憲兵司令時，就聽到憲兵司令大喊：「你們竟敢在敵前聚賭，你們完蛋了！艇長是誰，舉手！給我舉手！」我那時候不知道事態嚴重，還有心情胡鬧，笑嘻嘻地對著憲兵司令說：「我手不是舉在這兒了嗎？」憲兵司令這才知道他手上抓的原來就是艇長的手，大聲對我說：「啊！你就是艇長？你完蛋了，我保證讓你關到頭髮發白！跟我走！」被憲兵司令拉走的時候，我還不忘回頭跟我的三個牌友示意：這把牌我已經二餅自摸了。

直到被關進憲兵隊的時候，我才知道事情大條了。我的長官來看我，告訴我敵前聚賭的話，軍法判刑要關七年，我們的部隊長也被我害慘，這下子也別想升官了。我原本跟部隊長很熟，因為我們兩個人都愛打籃球，部隊長打前鋒，我打後衛，兩個人默契很好，所以平常部隊長很照顧我。

人生重新洗牌，思考未來

我一想到，明明只剩下不到兩個月就要退伍了，現在卻搞到要吃七年牢飯，心裡真的非常後悔，但又不知道有什麼辦法可以彌補。我懇求部隊長，請他再幫我最後一次忙，先讓我保釋，我好請假回家去拜別父母，我向部隊長再三保證，絕對會準時回營，請他放心。部隊長雖然擔心萬一我棄保潛逃，他不但升不了官，還要去坐牢，不過他還是選擇相信我，幫我具保，讓我請假回家一趟。

保釋之後，我回家去看了爸爸媽媽，但是隻字未提在軍中發生的事情，要回軍營的前一天，我跟最親近的二姐說，如果一個多月後我退伍了卻沒有回家，就跟爸爸媽媽說我申請到港務局的工作，被派出國去接船，因為要在國外受訓，所以得待上好一陣子才會回來。

回到軍中以後，我繼續在艇上服勤，等待開庭審判的日子很難熬，我的心情也一直很低落。退伍前一個月左右，正好遇到我生日，那一天晚上，我一個人喝了不少酒，走到船邊望著海，想到自己還這麼年輕，但是再過不了幾天就要被軍法判刑，可能要坐上好幾年的牢，原本決心一定要做出一番事業，好讓一向覺得我只會惹事，總是對我冷嘲熱諷的媽媽刮目相看，沒想到鬧出這個事情來，人生就栽在這裡了。

於是，愈想愈傷心、萬念俱灰的我，決定往水裡一跳，打算就此一了百了。

我鼓起勇氣、作了決定，就使盡力氣地站了起來，卻沒想到我因為喝了酒有些醉意，好不容易站起來，根本還來不及跳，就突然滑倒撞到頭，痛得我幾乎直不了身，原本決定跳海尋死的念頭頓時被痛醒，我覺得老天爺大概是不打算讓我這麼輕易就結束生命，才會讓我滑倒，把頭撞出一個大包。

跳海不成，就要發揮人生價值

我相信這是老天爺的一個啟示！於是我告訴自己，如果這件事最後能夠順利落幕，我可以平安退伍回家的話，我這一生一定要做個有用的人，努力拚出一番事業。讓這個失而復得的生命，能夠發揮最大的價值，才不會枉費老天苦心的安排！

每天日落後，我就獲得自由，因傳票不會晚上來拘捕。夜晚珍貴的自由，天亮又是可怕的煎熬，特別是後的一週，度日如年。這樣的苦難折磨，更奠定我退伍後奮鬥的決心與毅力。

結果，有可能是老天爺看到我的決心，也有可能是軍法體制的作業繁忙，更甚至是有人同情我剩一個多月就退伍，只因打了麻將被判刑七年，將會毀掉一生，而暗中幫了我。

總之，後來我並沒有收到拘捕令。

這件事情給了我很大的教訓，也是支撐我一路走來的起點。我後來遭遇的劇烈打擊和狼狽挫敗，絕不是一次兩次，但無論再怎麼嚴重，我都沒有想過要放棄，尤其是經歷愈來愈多之後，更讓我堅信人生只要不放棄，永遠都有站起來再登高峰的機會。

想要幾K，自己來訂

積極把握人脈與專業技術，就能開啟成功的創業人生！

這幾年台灣薪資水準不升反降的問題，一再的受到矚目，特別是社會新鮮人的起薪二十二K經常成為討論的焦點，大家都認為今天的台灣社會，二十二K的薪水實在太低。現在的就業條件確實嚴苛，但是無論環境再怎麼低迷不振，總是有些機會存在，問題還是看每個人如何找出機會，把握機會。

如果嫌二十二K太少，那就要讓自己有更多的優勢，吸引企業願意掏出更多K來爭取你的加入。除此之外，還有一條為自己加薪的路——就是創業。創業成功的話，就可以自己決定要領多少K的薪水，說得更白一點，也不用在幾K中掙扎計較。

我就是如此。

創業除了做足功課，更要不怕苦

當然創業不像上班族有穩定收入，創業經常存在著更高的風險，但相對地，創業也是累積財富、功成名就的最快途徑。但千萬不要以為想創業就去創業，一定要有充足的準備，如同一開始找工作，也要先明白自己的優勢、興趣，才能鎖定方向去投履歷表。想創業也要做足功課，盡可能有充分的事前規劃，才不會一開始就踏上慘賠之路。

我在退伍之後，分析了自己的條件和處境，我既沒有傲人的學歷作為後盾，也沒有雄厚的資金當本錢，但是我有渴求成功的強烈欲望和必勝的決心，有年輕不怕累、不怕苦的體力和精神，既不怕失敗也不怕死，還有靈活的腦袋和不錯的人際社交能力，更重要的是，我單身沒家累，爸媽有兩個兄弟作後盾幫忙照顧，所以決定要挑戰爆發力最大、投報率也最高的行業。

仔細分析上百個行業裡，發現房地產建設是人均生產值最高的行業之一，一家有十個員工的公司，每年可創造十到二十億的產值，但這個行業除了必須具備專業技術外，還需要有龐大資本。我告訴朋友說想做房地產建築業，他們都嗤之以鼻：「你又不懂，更何況幾千萬上億的資本，你連十萬都沒有。」

但是我沒氣餒，又進一步解析出這個行業裡有兩個機會，不必靠巨額資金，只要「人脈」與「專業技術」。

創業的兩個機會點

第一個機會點，是「小型營建業」，主要的業務就是做民間自宅興建、翻建、增建等等。當時因為景氣正好，建設公司或營造廠根本不願意接小案子。但是，這種小案子卻有許多好處，也就是民間委託營建須先付三成訂金，再視工程進度而逐期付款，驗收後付清尾款。因此簡單來說，只要有技術及人脈，簽到委建合約就會穩賺。例如，三百萬的合約一般而言可賺五十萬，而當年上班族的平均年薪甚至還不到十萬呢，重點是不需要本錢。

第二個機會點，就是新興行業「房屋代銷」。一般來說，建設公司只要有錢，大家都能蓋，並沒有什麼太過高深的策略。但是，選好土地買下來之後，究竟要做什麼樣的商品，用什麼樣的銷售策略，鎖定什麼樣的銷售對象，其實才是決定一個建案成功與否的關鍵，所以即使規模再龐大的建設公司，絕大多數還是會和代銷公司合作。

早期，台灣都是建設公司蓋好房子之後自己賣，我退伍的時候，房屋代銷才剛剛興起，台灣的房地產自此開始進入預售的時代。那時候我看到他們在一塊空地上插了一些旗子，蓋了樣品屋，就開始賣起房子，覺得很好奇，於是跑去銷售現場找裡面的業務員聊天，請教他們這一行的一些規矩。甚至在他們下班後，還請他們吃飯，就是想多了解一下房屋代銷的各種知識，聽到代銷公司可以拿到整個建案的百分之五利潤，也就是假設總價賣了一百億，代銷公司可以抽五億，我覺得真是太棒了！

房屋代銷的大好機會

了解了房屋代銷的商業模式後，我就鎖定代銷公司，因為代銷公司的本錢最小，但獲利最大，只要有本事，可以用一塊錢賺到一百塊，如果計算得夠精準，其實是可以不需要太多成本。再進一步了解，我發現除了一些日常雜支、人員薪資、夾報廣告或是電視廣告等必須現金支付的項目，其他的開銷我可以先用開支票的方式支付，對我這種沒有什麼錢又想創業的人來說，房屋代銷真的是個很好的機會。

我就這樣開始了跳海不成之後的創業人生。

現在回頭來看，從退伍出社會的時候就決定要自己出來創業，到後來因緣際會下進入義聯集團，在企業中擔任專業經理人。當初自行創業的歷練和累積的經驗，對我是非常寶貴的學習，在日後的經理人工作中發揮很大的效用。

年輕就是多方嘗試的本錢

所以我認為有機會的話，年輕人都應該試著去創業。雖然可能沒有太多的資金成本，但是卻有很多年輕才有的優勢，像是時間成本就比年長的人要低，因為年輕，所以沒有太大的時間壓力，也因為還年輕，可能還沒有成家立業，不必負擔家庭，不用養老婆小孩，所以可以放膽地去嘗試各種可能，就算失敗了，因為年輕的關係，經驗不足，大家都能夠理解，而且因為年輕，所以就算跌倒了，也都還有機會可以重新站起來。

這些優勢，都是年輕才有的本錢，一旦上了年紀，就少了那些優勢，所以我認為如果可以，一定要趁年輕的時候多嘗試，否則放棄這一段，無疑是浪費了人生中很難得的機會。

我也是這樣鼓勵我兒子，所以他在大學畢業當完兵之後，也和我一樣走上創業之路，如今正努力地經營他的事業，我相信不管結果如何，這些創業的經驗都會成為他工作生涯中最寶貴的資產和回憶。

想要賺兩億，先從學會敲釘子開始

訂下目標、步步為營、充分準備，機會出現時便能出頭天！

定好創業方向之後，接下來當然是實作。雖然我說趁年輕要多嘗試，但也不能貿然前進，總是要一步一步來，才能減少失敗的機率。因此鎖定代銷工作後，我開始想著：有什麼樣的管道，可以讓我更了解代銷的運作和知識。

我雖然書讀得不怎麼樣，不過在學校的時候交了各式各樣的朋友，好學生、壞學生我都能和他們打成一片，所以下定決心要從事房地產營建代銷工作之後，第一件事就是回去翻我的人脈簿——同學通訊錄，看看有沒有機會可以找到認識的人幫我引薦。但是那時候代銷公司才剛剛開始發展，所以我的朋友也沒有人在從事房屋代銷工作。問來問去，只問到有個同學後來去唸了工程，當時正在一家建設公司上班，擔任工程師。

我轉念一想，雖然我的目標是從事房屋營建代銷，但是對工程一竅不通的話，我要如何做房屋營建代銷？房屋的結構、建材、建築原理什麼的我也都不懂，怎麼去跟建設公司談？我本身讀的是企管，真的要做這個行業的話，至少應該要對蓋房子有點基本概念才行。

藉由人脈拓展學習機會

所以我就跑去拜託那個在建設公司當工程師的同學，讓我跟著他見習當學徒，他本來覺得我對建築一竅不通，實在不知道要我做什麼，後來他勉為其難的答應，用臨時雇員的方式聘我，讓我打雜當助理監工，我開始戴著頭盔和太陽眼鏡，天天一大早六點就去工地報到。

我的工作主要是代表建設公司去工地監督工作進度，工人和師傅們看到這樣一個生澀的年輕人，什麼都不懂，想到自己要被這樣外行的年輕人管，心裡總覺得非常不是滋味。所以在工地當監工的那段日子，我其實吃了不少苦頭。

那時候的房屋有很多支架是用木頭釘成的，經常要用兩吋釘、三吋釘固定，那些木工師傅經驗老到，用鐵鎚敲第一下就能讓木頭固定，敲第二下釘子就被敲進三分之一，再敲第三、第四下釘子就可以完全沒入木頭中，最多敲個五下一定能夠釘牢。

凡事從基礎開始，虛心學習、充分準備

上班的第一個月，就有木工師傅拉著我，故意問我：「年輕人，這個木頭要怎麼釘，我不會釘，你來教我怎麼釘！」我當然不敢在他們面前班門弄斧，只能裝作不懂他們話中對我的惡意。不過他們在做事的時候，我必須站在旁邊監工，這也讓他們心裡很不痛快，有一回工人正在拌水泥，我在一旁跟其他人說話，水泥師傅竟然把水泥沙往我身上潑，還對著我大喊，叫我靠邊站去，不要礙著他們工作。

因為不服氣，我回家自己買了木頭和釘子開始練習，一開始我連鎚子都拿不好，更別說像師傅那樣能在五下之內把木頭釘牢，所以我拚命練，練到手指指甲有三隻都被敲到瘀青流血，就這麼一直練到我也能敲不到五

下就把木頭釘好為止。

不只是釘木頭，工地裡最基本的測量，動輒三、五公尺的長度，如何抓到訣竅讓軟捲尺能夠在測量時直立，也都是有技巧的。再加上台灣的工程有很多用語都是傳承自日本，所以工地裡的工人經常用日語交談，許多專業術語也都是日文，我不懂日文，所以只能想辦法硬背。

在工地當監工助理的那兩個月，我每天早上六點去工地備料，一直做到晚上收工，下班後就回家學看設計圖，看不懂的就請同學教我，每天都自修學工程看圖直到晚上一、兩點，然後早上五點起床，六點到工地，如此日復一日，每天幾乎都睡不到四、五小時。就是靠著這股拚勁，很快地建立起一些建築工事的基本概念，讓我的營建與代銷創業之路比別人多了一些專業，多一些保障。

其實做任何事情除了要有拚勁，願意接受挑戰外，也不要忘了謹慎小心、步步為營，不管是要創業或是當上班族，有充分的準備，才能在機會出現時好好把握。

與人為善，鄰居變客戶，敵人變團隊

以心交陪、不吝付出、及時回饋，人人都可以是潛在客戶！

在工地當了兩個月監工助理後，我決定辭掉工作自行創業，當時我問雇用我的同學要不要跟我一起出來自己開公司，他一聽到我這麼大膽的提議，只罵我是神經病，竟然才在工地做了兩個月，就想要自己出來開建設公司，簡直是異想天開。

我跟他說：「我覺得可以的。工程你懂啊，我們自己出來做的話，工程交給你來做，業務就讓我來接。」我同學想了想，還是覺得風險太大，所以他要我先去接案子，如果我能夠接到兩個工地的案子，簽了兩份合約，到時候再去找他，他就辭職跟我一起出來做，而我同意了。

兩個月後，我就簽到第二份合約，回去找當工程師的同學，他真的辭了建設公司的職務，出來跟我一起做。

一開始自己出來創業的時候，我想著究竟哪裡才會有房屋增建或加蓋的小型建案可以接，最初我其實也毫無頭緒，想來想去還是決定先透過人脈問問看，或許哪個朋友會有機會或線索可以提供。我向來五湖四海，愛交朋友的個性，這時候再次派上用場，翻找我的朋友名冊，問了問讀書時的同學和當兵時的朋友，果然被我找到一個在建築師事務所上班的朋友。

因為在蓋房子之前，必需要請人畫設計圖，要等到設計圖出來了，才能夠去申請建照，按圖施工，而建築師事務所就是專門幫人畫設計圖的公司，所以會去委託他們畫圖的客戶，其中一定有一些人有房屋加蓋或增建的計畫，而這些人就是我的潛在客戶。

口頭推薦以開展商機

於是我拜託這位在建築師事務所工作的朋友，請他在完成客戶委託的設計圖，要把圖交給客戶的時候，順手將我的名片附在交給客戶的設計圖裡面，如果方便的話，就跟客戶口頭推薦一下，讓客戶對我有點印象，過幾天我再親自去拜訪這些客戶，洽談是否有可能承接客戶的建案。

就這樣，經由建築師事務所的朋友引薦，五個月內大大小小的案子我一共拿到六個，接到案子之後，我也給在建築師事務所工作的這個朋友一些回饋，謝謝他的幫忙。

除了在建築師事務所工作的朋友幫忙之外，我在工地當監工助理的時候，常常會遇到一些住在工地附近的鄰居到工地來走動，通常這些會來工地閒晃的人，其實都是有目的的，如果不是對正在興建中的房子有興趣，就是想做自宅增建。那個時候的建築法還不像今天這麼嚴格，所以很多自有民宅的屋主會想要加蓋樓層，或找人幫忙整修房子，所以才會三天兩頭就來工地東看西看，希望多了解一些狀況。

因為一向好交朋友的個性，我也慢慢地和這些不時來工地走動的鄰居們熟絡了起來。這些左鄰右舍三不五時就會來到工地附近繞繞，如果他們有什麼問題都會來問我，我也都很親切地回應他們。時間久了，大家自然就成為朋友，我也才有機會可以得到他們的信任，並承接他們的案子。其中就有一個常來工地走動的鄰居，想把自家二樓的房子增建為三樓，後來我就承接了他的案子。

累積知識也同時結交朋友

而我在工地的那段期間，除了拚命學習工程知識，了解工事的相關技術之外，也一邊積極認識人，拓展人脈。一開始對我懷有敵意的工人和師傅，在相處之後了解我的為人，也一改原本不友善的態度，甚至教我很多東西，和我成為朋友，所以後來我的案子，這些工班師傅都願意當我的下游，承包我的工程，一起合作賺錢。

當時為了避免工程期間物價波動導致成本上升的問題，這種小型建案在簽約時，屋主要先付三成訂金給承包商，好讓承包商可以去購買鋼筋、水泥、磚頭、砂石等建材。當時我一接到案子，就直接再發包給一起在工地工作熟識的木工、鐵工、水泥工等工班師傅，因為這些小型的案子都在平日工作的工地附近，對這些工班師傅來說既方便，又能多賺錢，何樂而不為，所以大家都願意一起合作，樂於承接我的案子，我也就等於自己當老闆，開啟了我的創業之路。

至今，我依然很感謝那位在建築師事務所工作的朋友，因為他的引薦，幫助我在創業初期能夠接到自宅增建的案子，雖然這些案子的規模並不是那麼大，但是對於初出茅廬，才剛開始自立門戶的我來說，不但有了好的開始，讓我能夠累積經驗，也賺到了後續創業的資金。

人生在世，難免有求助於人的時候，人脈的建立，除了必須平時與人為善，有時候吃一點虧或是受點委屈，其實都不需要太過在意，如果有機會能夠幫別人的忙，千萬不要吝於伸出援手。今日的一個舉手之勞，也許會是明天免於滅頂的救生圈。而且也盡量不要為自己樹立敵人，像那些工班，一開始對我的態度很不好，但我並沒有因此採取對抗的方式，反而試著去了解他們的工作，慢慢熟了之後變成可以合作的團隊，對初次創業的我來說，幫助相當大。

別人不要的案子，讓我賺到人生第一桶金

機會隱藏在細節中，獨具慧眼便能開啟無限的可能！

出來自己創業找客戶的第六個月，我接到第七個案子，這個案子的規模遠比之前六個增建案都要大上許多，是一個合建案，而和我合作的對象是一個地主。

這個合建案，讓我賺到人生的第一個一千萬！

我在當監工助理的那段期間，有個地主常常到我們工地走動，大家都知道這個地主有一塊土地地點不錯，那時候有很多建設公司想跟他買土地，不過地主都沒答應。

這位地主本身是個極端小心謹慎的人，就我所知，先前至少有過二十家公司曾經與他接觸，跟他洽談合作蓋房子的可能，或者是想買斷他的土

地，不過因為地主非常非常的保守，考慮事情又非常非常地仔細，總是沒有人有足夠的耐心和這位地主來來回回不斷地協商，所以一直沒能談成合作的共識。

在當監工助理的期間內，我認識了這位地主，知道他有土地想要蓋房子，前前後後我總共花了六個月的時間，不厭其煩地跟這位地主溝通，終於取得他的信任，最後地主同意和我以合建的方式合作，由他提供土地，我則出錢負責蓋房子。

理解才能換得長遠的信任

那麼多人去談都談不出結果的地主，為什麼最後選擇了我呢？

其實說起來這個案子是有點棘手，因為那塊地是三個兄弟共有的祖產，與我談的是老大，而老二、老三則等著分錢。但老大有個兒子也參與，事實上最多意見的反而是他，需要非常有耐心地溝通、談判，對老大也要非常禮遇，以博得信任。

由於當時景氣很好，大公司不願為這麼小的地花太多心血，而我則是以耐心和誠意說服了他們，讓他們選擇把土地放心地交給我這個個體戶，一起完成合建案。

最後，我們利用那塊土地蓋了五家店鋪，依土地價值以及我蓋房子所投資的資金，在完工後我和地主每人各拿到兩間半的店鋪，我花錢買下地主的半間店鋪，所以在完工後，我總共拿到三間店鋪，事後我將店鋪出售獲利了結，賺進人生的第一桶金。

為什麼我只在工地當學徒兩個月，就敢大膽接下百萬建築合約呢？我靠的就是挑戰別人不做的事，而隱藏在其中的常常是許多的機會，需要慧眼去挖掘出可能。

合建案到手，資金在哪裡？

耐心等待為前提，碰到好時機時，每一步棋都要小心判斷、冒險求進！

有時候，做事情需要耐心與等待，有時候卻需要冒險求進。這其中的拿捏，有了經驗的累積，當然有助於進行判斷，但同時也要有很敏銳的觀察力和縝密的思考。

以我的第一個合建案為例，這個案子的大小是我可以承受掌握的，太大的案子反而風險更高，加上對地主也認識，如果能做成，對於剛起步的我來說，會是很好的開始，這也是為什麼我願意用這麼多心力去促成。

但是資金卻是一個問題。好不容易談成合建案，接下來是要到哪裡找到足夠的資金蓋房子呢？

之前接的六個自宅增建的案子，通常屋主在簽約時都按照行規，先給付總價的三成費用，好讓我去購置鋼筋、水泥、砂石等各項建材，所以一開始我並沒有太大的資金需求。但現在我必須自籌房屋建設的所有費用，而我身上根本就沒有什麼錢。

為了讓合建案及早動工，我想來想去，最後終於作了一個決定。那就是把小型自宅增建案預收的三成工程款挪去做為合建案的資金，至於自宅增建的案子就依照工程進度，看進行到什麼程度，就買多少材料，我大膽的把所有手頭上的現金一股腦兒全部投進合建案。

在別人眼中看來，這實在是很危險的事，萬一資金周轉不過來，可能會引起客戶的疑慮也說不定。但事實上，我是有萬全的準備才敢這麼大膽，因為在我確定和地主簽約，拿到合建案的工程時，就已經找到一個買家，有把握合建案一旦完成，我賺到的三間店面至少有一間一定能夠賣得出去。

早在合建案簽約之前，我就陸續從一些不時來打探的鄰居口中，知道哪些人有買店面的想法。在和那些想買店面的鄰居聊天時，我便開始探詢他們對於店面有什麼樣的需求和期待，然後鎖定其中一、兩位意願較高的對象，把他們視為潛在的買家。

剛開始和地主談合建，在畫設計圖的時候，我就依照潛在買家的需求去設計，再給這些潛在買家看我的設計圖初稿，不斷詢問他們的意見，持續地跟他們溝通，漸漸地，我和其中一位潛在買家有了默契。

我除了按照這位買家提出的需求和期待加以修改設計圖，甚至連細節都配合買家的要求一一調整，直到買家也覺得十分滿意後，我們就開始進入議價階段。

所以要跟地主簽合建案合約的當天早上，我其實已經先跟一個買家簽了意向書，拿到買家付給我的訂金，確信未來房子蓋好，我的店鋪一定可以賣得出去，帶著這樣的信心，我下午才去跟地主簽約。

等和地主簽完合建案的合約之後，我再去跟買家簽訂正式買賣契約，一旦買賣契約簽訂，買家就必須預付三成頭期款，這麼一來，再加上我從六個自宅增建的案子中拿到的現金，我就有足夠的現金投入合建案了。這是一招險棋，但卻是經過保險的險棋，接下來只要不發生任何意外，應可順利完成所有的案子。

chapter 2

石油危機，財產一夕歸零——轉戰服務業⋯

擦著眼淚把一千萬燒掉

跌得早沒關係，還要學到如何避免跌倒，並得到重新站起來的能力！

在人生中，有許多事是我們可以掌握，也有很多事是不可預料，譬如天災人禍。

正當合建案順利展開，其他六個自宅增建的案子也依照進度進行，只等這些案子完工，我馬上就能賺到一千萬，一切看起來是那麼順利，才退伍不到一年的我，對於自己能在短短的時間內做出這樣的成績，心裡是很滿意的。

只是千算萬算我也算不到，全球竟然會發生第二次石油危機，當時原油由一桶十五美元的價格，短時間之內竟然漲到一桶三十九美元的價格。

突然間所有建築原物料全部飆漲，我承接的六個增建案成本大增，當初承包的價格根本不足以支付漲價後的建材成本，又因為我把業主簽約時付給我用來預訂材料的三成預付款統統投入了合建案，沒有先去預訂自宅增建所需要的各項建材，所以這一波建材飆漲造成的成本上揚，就像是給了我迎面重重一擊，等我意識到問題的嚴重性時，已經來不及了。

當下我想到自己有的幾個選擇，一是我大可以用石油危機導致建材成本大增的理由，回去跟自宅增建案的業主們耍賴，說我沒有辦法負擔，請他們拿出更多的錢來蓋房子。或者，我可以乾脆以天災無法建下去為由，帶著錢一走了之。

又或者，我必須咬牙依約把房子蓋完，只是這樣的話，我這一年辛辛苦苦好不容易賺到的錢，勢必要全部吐出來，才能夠讓這些案子完工，如此一來，我等於一夕歸零，全部賺來的錢都付諸流水了。

危機發生後的重新評估

在還沒有發生石油危機的時候，我就已經概略估算過，這七個案子全部完工之後，我的獲利可以高達千萬元。換算成今天的幣值，當年的一千萬應該有上億元的價值，但是如果依約把房子蓋完，別說獲利，我甚至要賠不少錢才能完工。

其實業主們也都知道原物料飆漲的情況，那樣的漲幅絕對不只是把利潤都吃掉而已。雖然我可以去跟業主要求，請他們加碼補貼，因為漲成這樣實在不是我的問題，萬一我因為不堪負荷而倒閉，業主自己再找人從頭再來過，也是要花這麼多錢，不如就補貼給我，讓我把房子蓋完，我如果真的去跟業者爭取，其實也是情有可原。

我甚至也想過：要不要把當時已經有的數百萬訂金放進口袋，然後遠走他鄉、避不見面，就把爛攤子留給別人，反正我手上還有訂金與上千萬的店鋪，以當年的物價，已夠用上一輩子了。不過，我最後還是沒有選擇這麼做。

想了很久，就算心在淌血，我也決定一肩扛起，邊蓋、邊擦眼淚也要把七個工地全部依約蓋完。幸好有部分案子已經完工七、八成，雖然也有一些案子只做了兩、三成，但是至少那些完工七、八成的案子，多少能夠有一點獲利來補貼我的虧損。

實際上，當我把六個自宅增建的案子全部完工後，之前所有賺到的錢也一併跟著化為烏有，我從賺進千萬，到一夕歸零，距離我退伍的時間，才一年多。

父親以身作則，教會我善良敦厚

之所以我會下定決心負責到底，寧願賠光所有的錢，也要依約完成的原因，是因為想到我的爸爸。我父親一生敦厚，對人很好，當了一輩子的基層公務員，從小他以身作則教我們的，就是做人要善良敦厚，真的讓我做壞事，我還做不出來。

我當時才剛退伍沒幾年，只不過是個二十幾歲的年輕人，如果真的要賴或一走了之，惡名昭彰、臭掉名聲了，我往後的人生要怎麼過下去，而我又要怎麼去面對我的爸爸？

就是這樣的想法，我作下這個非常痛苦的決定，咬著牙依約把所有的工程如期完成，和我簽約的那些業主，後來都成為好朋友。我很慶幸當時自己有勇氣承擔一切，負了該負的責任，沒有對不起我的父親，讓我直到今天都能夠抬頭挺胸地做人。

這次的事件，也讓我意識到人生的無常和個人力量的渺小，石油危機要發生，根本不是任何一個人能夠預測的。經歷了這次風暴，我幾年內辛苦賺到的一切全部賠光，讓我徹底明白人是有極限的，必需要謙遜。我們很容易在事情發展得很順遂的時候，變大意或志得意滿，卻不知道失敗經常隱藏在其中。

老實說，這次的打擊很大、很痛，幸而我還年輕，換個角度想，跌得早反而讓我及早心生警惕，學到了如何避免跌倒的技巧，更重要的是，還學會了重新站起來的能力。

開咖啡館不是為了夢想，而是為了救命

辛苦地為未來打底鋪路都會有代價，沒有一步路是白走的！

當我初出茅廬，開始接觸房屋代銷的工作時，我並沒有太多的資金，不過印刷廠、裝潢工班等合作廠商，在案子開始的時候，頂多第一個月需要用部分現金搭配部分支票的方式付款，之後的費用就全部開三個月或六個月的支票，所以資金周轉還有一些餘裕，雖然開票多少需要貼補利息，但是等到房屋開始銷售後，我就可以依銷售進度每個月向建設公司請款，所以往往是建設公司的錢撥下來了，而我開給合作廠商的支票還沒到期，我還可以請合作廠商提早拿支票來兌現，雖然要酌收大約百分之三的費用，不過廠商都很樂意能提早兌現，兩造雙方皆大歡喜。

但是，在接了幾個自宅增建的小型建案後，我觀察到一個現象，建築業是一個資金密集的產業，需要投入極大的資金成本，而且資金的周轉期限動輒以年為單位，也就是說，建築產業投入高額資金後，常要耗上一、兩年甚至更久的時間，投入的資金才能回本，如果中間發生了什麼危機，很容易因為資金周轉不靈而造成難以彌補的創傷，甚至導致公司倒閉。

建築業的資金循環週期是以「年」為單位，如果錢進來了，往往就是一大筆，但是一旦沒有進帳，就只能坐吃山空。由於經營一家公司，從日常管銷到銀行利息，每日每月都不斷有各種例行開銷，如果只依賴幾個月甚至一年兩年才有的大進帳，冒的風險實在太大，萬一一下子資金周轉不靈，可能發生像骨牌倒塌一樣的連帶效應。因此我開始思考要轉換行業，但是做什麼好呢？

放眼市場脈動，轉戰服務業

我留意到，消費性服務業是最好的資金活水的來源，因為服務業買賣都是用現金，資金活絡，所以我在接了幾個房屋增建和合建的案子之後，就決定轉而投身服務業，因此在台灣房地產最黑暗的那幾年，我並沒有被困在房地產業中，而是專心在經營服務業，這個轉變也為我累積了日後能夠勝任義大世界總經理一職的實力與能量。

想從事服務業的時候，台灣剛剛開始流行民歌，台北已經開了好幾家民歌西餐廳，但是新竹卻一家都沒有。民歌西餐廳就是找民歌手在餐廳駐唱，客人可以一邊吃飯一邊聽歌，而且還可以點歌，想聽什麼歌，歌手就現場演唱給客人聽，當時不像現在有這麼多娛樂活動，民歌西餐廳很受大眾歡迎。

考量台北的競爭太激烈，我決定在新竹落腳，也來經營民歌餐廳。我的「黃包車」民歌餐廳是新竹的第一家民歌餐廳，後來我也在新竹陸續開了兩家民歌餐廳、兩家唱片行和一間錄影帶店，同時買下一家原本專做高普考的補習班，因為覺得當時高普考的市場有限，所以我買下補習班之後，由原本的高普考補習班，改為報考二專的補習班。

我的創業之路走入第二階段，不僅避掉台灣房地產的黑暗期，也學習非常多，簡直像是在為未來打底鋪路一樣。雖然很辛苦，但我後來發現這些辛苦都會有代價，沒有一步路是白走。

開兩年半的「黃包車」，以兩倍半價格售出

把握市場趨勢，用心打造品牌，創造延伸效應，無價！

決定要開黃包車民歌西餐廳的時候，我靠著做過建築工事的經驗，加上自己對創意美感還有一些自信，所以我的店面從裝潢設計到施工，都由我親力親為。那時候，晚上畫圖、白天施工，整個工程我沒有發包給工班，全部是用「點工」的方式，需要木工，我就找木工；需要水泥師傅，我就找水泥師傅；有水電工程，就找水電工。我自己一邊監工，一邊幫忙施作，然後在施工的過程中，設計圖也邊做邊改。自己設計裝潢店面的經驗，讓我日後有機會開了一家室內設計裝修公司「誠工舍」。

那時候每天早上七點多，就有工人來店裡施工，工人拿著我前一天晚上自己畫到半夜的設計圖執行，同時間我還要一邊進行其他自宅增建的案

子，最忙碌的一段時間，是黃包車裝潢的時候，整整一個月我沒有上床睡覺，每天都工作到極度疲累，然後隨便找個沙發或是躺椅窩一下，一天下來根本就睡不到三小時。

「黃包車」的裝潢走的是那個年代最流行的鄉村風，當時我請台北士林一家外銷藤具的工廠，為我們打造一台長度三點五公尺的藤編黃包車，放在餐廳最顯著的位置，這輛黃包車就是我們的舞台，歌手就在上面表演，這也是店名黃包車的由來。

商業模式的建立

黃包車的室內天花板採用的是真材實料的竹子，以竹子編排而成，室內再種植攀藤植物黃金葛，然後讓黃金葛在竹編的天花板上爬藤，地板上鋪的是來自日本的人工草皮，這可是全台灣史上第一批進口的人工草皮，我後來還成為這家日本人工草皮的台灣代理商。

因為室內照明和空氣品質都不比戶外，要讓這些植物保持青翠新鮮的狀態，必須三不五時更換，所以我們每個月還要去山上或郊外找新的黃金葛來替換，才能維持田園景致，現在想想，當年黃包車的裝潢設計和維護，真的花了我很多心思，但效果也出奇的好。

因為是新竹第一家民歌餐廳，加上獨具特色的餐廳裝潢，邀請來的歌手素質也都很好，所以黃包車的生意很快就上了軌道，幾乎天天晚上都是滿座，一位難求，工作人員全部雇用清大、交大的帥哥工讀生，活動力及安全感增加外，更引來校花美女，當然男客人也跟隨著蜂擁而來。

但是當時我除了三家民歌西餐廳，還經營唱片行和錄影帶店，同時又開了一家傳播公司和一家廣告公司，同時間管理這麼多家公司，對我而言實在是忙不過來。再加上房地產不景氣的後期，發生了一波建設公司的倒閉潮，很多跟我互助會的朋友都中箭落馬，每個月需要支付的會錢突然暴增，讓我一下子承受很大的現金壓力，所以在黃包車營運兩年半之後，我開始放出風聲，想把黃包車頂讓出去。

品牌無價的延伸效應

那時候有人來店裡看，開了一個令我非常不滿意的價錢。於是，我跟這位先生說：「按照會計原理的折舊率來計算的話，店開了兩年半，黃包車的資產的確已經折舊一半，不過我要跟你交個朋友，我不打算把店賣給你。這樣好了，現在開始，你每天晚上七點半到八點半之間來我們店裡，只要你可以找到位子，坐下來隨便點什麼吃的喝的，我都買單，由我請客，我們就交個朋友，不談生意。」

沒過幾天，這位先生真的在晚上七點半左右來了，但是卻一直沒能找到位子可以坐，連續來了幾天都是這樣的結果，這時他才知道黃包車的生意這麼好，當初開的價錢實在是太低估了。於是他又找我談，這回開的是之前兩倍的價錢，沒想到我告訴他：「品牌是無價的，有它的延伸效應，就算交個朋友，這樣吧，兩倍半的價格讓給你。」後來成交了。

這是一個談判的技巧，但我之所以這麼有信心，當然是我對於市場趨勢，一向有很高的敏銳度。一旦看準了未來發展的方向，決定要走的路之後，我就義無反顧地投入，而且一定要做到最好。進入服務業雖然是因為資金循環的考量，但是觀察到市場需求後，我便全心全意要做出最有特色，最具代表性的成果，也因此總是能夠滿足最挑剔的消費者，最後並且以很好的價錢轉手售出。

買車給人，教我做廣告

學習到的專業知識就是你的！最寶貴的資產、最有價值的籌碼就是你的實力！

黃包車民歌餐廳和其他幾家店面的生意比較穩定之後，我開始想起之前接觸房屋代銷工作時，了解到房屋代銷是以廣告行銷為主要專業，因此我很渴望學習廣告行銷相關的專業知識。

我經營民歌餐廳、唱片行或是開補習班，做的雖然也都和行銷有關的工作，但卻只是局限在一個社區或一個地方的小眾行銷，我一直想著要去做一個面對城市的，或是全國性的大眾行銷。

一開始我其實完全不懂廣告，也不懂傳播，可是我看到了市場需求。當時新竹科學園區有愈來愈多廠商進駐，但是當地並沒有任何的廣告行銷公司。於是我決定跨行踏入另一個新領域，成立了「新銳傳播」和

「新揚廣告行銷」兩家公司，這兩家公司後來一度發展成桃竹苗地區最大的傳播公司和廣告行銷公司。

傳播媒體的重要角色

我認為傳播媒體會在未來的社會中扮演很重要的角色，對我來說，廣告行銷也是我個人的興趣所在，我願意不計成本把大眾行銷的專業知識學好。只是那時候我已經沒有餘力像最早學工程時一樣，親身去到工地從零開始學起，於是我決定去市場挖角，聘請專業人士親自來教我。

當時並沒有什麼管道讓我學習廣告或行銷，在我成立新銳和新揚兩家公司的時候，台灣根本沒有任何一所大學有廣告系，更別說有補習班在教廣告行銷，所以我唯一的可能是去廣告公司打工，但當時我的財務狀況仍舊吃緊，而手上的幾家公司也要靠我經營，根本不可能去打工，就算去了，廣告公司可能也不願意教我，所以我才決定自己成立廣告行銷公司。

我從台北聘來兩位已經在大型廣告公司工作十幾年的廣告專業實務人才，為了方便他們每天台北新竹來回通勤，我甚至買了一輛車給他們當代步的交通工具，其餘的員工就在新竹當地招募美工科系畢業的學生，公司員工最多的時候曾經多達六十幾個人。

高薪禮聘經驗豐富的專業人士來加入我的公司，一方面是公司的業務需要他們規劃執行；另一方面，我當時還是廣告行銷的門外漢，我需要有人教我，乾脆自己花錢聘雇專業的人士來公司上班。

那時候我看到新竹科學園區快速蓬勃發展，一定會有廣告行銷的高度需求，我預期很多公司都需要製作型錄、拍攝公司簡介影片以及拍攝公司形象或產品廣告，所以成立新竹在地的廣告行銷及傳播公司一定會有市場。後來我們的確接了很多竹科企業的案子，甚至還跨足電視。

我有一位學長自己開傳播公司，和華視簽外製合約拍攝《嬰兒與母親》節目，學長後來把他的公司賣給我，讓我拿到華視跟學長公司簽的外製合同，因此有了機會進到華視做節目。我當時雖然有傳播公司，但根本沒有機會進到電視台，那個時候台灣只有台視、中視、華視三家電視台，能進到電視台是件非常不容易的事。

《嬰兒與母親》是每個禮拜一集的塊狀節目，由味全奶粉贊助，我們後來又拍了《新竹之旅》，介紹新竹的地方文化，新竹市政府也提供我們一些贊助。那時候的媒體環境和現在很不一樣，能到電視台製作節目，對我的傳播廣告公司幫助很大。

我們公司因為有製作電視節目的能力，加上齊全的外景設備、剪接設備，所以要拍科學園區的簡介完全不成問題，當時我們還接了很多科學園區的公司所舉辦的晚會和尾牙活動，甚至還做過許多工地秀，幾乎所有新竹的大型晚會全部都由我們公司承包。

投資自己是永不會吃虧的生意

我的成績看起來斐然，但剛開始進到廣告行銷這一行時，我做得很辛苦。算起來，廣告行銷其實比起開餐廳更不容易賺到錢。那時候台灣的廣告市場還不成熟，新竹又比台北更晚了一些，很多客戶對廣告行銷幾乎沒有什麼概念，認為我們的服務就只是幫忙設計一張傳單，或是製作一份紙本的簡介，所以每次開價都非常低，要不然就是砍價砍得很兇。但我認為既然一方面可以學到廣告行銷的know-how，一方面也算是培養人才，雖然辛苦，還是持續做下去。

等到房地產景氣開始回暖，我決定將「新銳傳播」和「新揚廣告行銷」兩家公司轉型，由原本綜合型的廣告行銷公司，轉變成建築廣告行銷公司，專注做我擅長的房屋代銷，幾乎不再接一般的廣告行銷委託案。

在從事綜合型廣告行銷傳播業務的那幾年，雖然這兩家公司的投入，並沒有讓我賺到什麼錢，但我是憑藉著學習的心情一直撐下去，算一算我大概付出了將近八百萬的學費，但從中的確累積了很多廣告行銷的專業知識和實務經驗。後來當景氣復甦，公司轉型開始從事房屋代銷之後，前幾年繳的學費不但統統都回收，還讓我賺到足以一輩子不愁吃穿的幾億元退休金。然而，我能夠進到義聯集團開發經營義大世界，那三年邊做邊學的日子，為我後來在不同的產業中，執行行銷廣告的業務奠定了厚實的基礎。

投資自己，培養自己，是永遠都不會吃虧的生意，短時間看起來可能一點也不划算，甚至根本不知道學到的東西何時能夠派上用場，但是只要認真投入學習自己有興趣的事物，讓自己成為那個領域中的專精人士，只要累積足夠的實力，一定有機會等著讓你發揮。最重要的是學到的那些東西，永遠都不會失去，是自己最寶貴的資產，最有價值的籌碼。

寧願當掉結婚戒指，也不願上門跟朋友催債

咬著牙扛下債務也要顧誠信，走過低潮就能苦盡甘來！

在新竹經營黃包車民歌西餐廳和唱片行、補習班的那幾年，其實是我一生中最缺錢的時候，當時我過著天天被錢追到喘不過氣的日子，一睜開眼睛就想著今天要去哪裡找錢周轉，天天趕著下午三點半到銀行軋票，四處向親朋好友借貸，甚至逼不得已連地下錢莊都去借過錢，最慘的時候還一度讓老婆把結婚戒指和金飾都拿去當舖典當換現金。

不過說起來，當時之所以會搞到被錢追著跑，差點被逼到連日子也過不下去，並不是我自己捅了什麼婁子，而是因為朋友的緣故。

石油危機之後的幾年，有許多建設公司陸續倒閉，主要原因在於房地產連續好幾年滯銷，有一大堆蓋好的房子乏人問津、賣不出去，建商沒有

現金收入，而先前跟銀行借的貸款就無力償還，只能一直繳利息，希望等到景氣回春後，建案能夠賣個好價錢，到時候再來償還銀行貸款。

但是，誰也沒料到這個黑暗期這麼長，整個台灣的房地產業就像是被詛咒了一樣，當時房價低到今天難以想像的地步，一百萬元甚至可以買到三間房子，即使是這麼便宜的價格，房屋買賣還是乏人問津。

建設公司倒閉潮

結果，就在景氣回春的前一、兩年之間，建築業界的大小企業一家一家地倒閉，許多建設公司沒能撐過黑暗期，在黎明到來前，就應聲倒下。

在那一波的建設公司倒閉潮中，我身邊有很多從事房地產的好朋友也陸續一個一個倒下去，其中有不少人從爺爺、爸爸那一輩就開始從事建築業了，是經營營造廠、開建設公司的富二代。

這些原本身價動輒數億元的朋友，在那個年代能有數億元的身家，可算是令人咋舌的資產，但是因為房地產不景氣，投入建設的資金被卡住、動彈不得，沒辦法償還銀行貸款，最後，都得要面對本錢被銀行利息一點一點地侵蝕掉的慘況，只能眼睜睜看著資產被銀行拍賣，走到公司倒閉這一步。

那時候，我雖然已經轉作服務業，開始經營民歌餐廳、傳播公司、行銷公司等副業，但是當時朋友之間常常以互助會的方式資金往來，尤其是像我這樣沒有什麼家底，但人面很廣，人脈很多的創業者，就會透過起會、標會來籌措資金、周轉現金。這種財務操作方式雖然有風險，但如果參與的會腳若是信用良好，身家厚實，似乎就沒什麼好擔心。

因為做建築、蓋房子的關係，我認識了很多營造廠、建設公司的老闆和富二代，彼此成了朋友之後，在生意上也會互相幫忙，所以每當我需要一筆資金的時候，就起個互助會，用以會養會的方式周轉資金，不少建設公司的朋友因為信任我，都願意當我的會腳，跟我的會。

我怎麼也沒想到會遇上那麼大的一波建設公司倒閉潮，那些建築業出身的富二代友人竟然轉眼間就失去所有財產，甚至逃債跑路，這下子每個月幾萬塊的會錢自然也跟著付不出來。於是我手上的互助會陸續崩盤，但身為會首，我得想辦法擠出錢來幫無力支付的朋友們墊繳會錢，不然就只有倒會的命運。

參加我互助會的會腳，除了生意上往來的朋友，有不少是公務員退休的親友，這些親朋好友的會錢很多是他們打算用來養老的退休金，因此我有著絕對不能倒的壓力，我告訴自己一定要咬著牙撐過去，不然那些親友的退休金萬一泡湯的話，我的家人可能再也沒臉跟親戚朋友往來。

那時候我常常三點半跑銀行軋支票，時不時就要去跟親戚朋友借錢調頭寸，甚至有幾次不得不去地下錢莊拿房子車子二胎、三胎的借款，負擔極高的利息，好應付每個月必須兌現的現金壓力。這樣的情況直到房地產回春之後，才終於慢慢解除。

我之前那個好不容易談成的合建案，和地主合蓋五間店面，我賺到的三間店面中，還有一間沒來得及賣掉，就遇上房地產黑暗期，原本我開價要賣七百萬，結果一路把價錢砍到五百萬也沒人要買，因為光是蓋房子的成本加起來就已經超過五百萬，我實在不願意認賠求現，所以就把店面再拿去跟銀行貸款，每個月繳利息給銀行，想說等景氣好了再賣掉。

很幸運地，我還是撐過了那段房地產的黑暗期，後來是用兩千多萬的價格賣掉這間店面，才結束了我那段每天籌錢、周轉，如惡夢一般的日子。

人生黑暗期

長達六、七年的台灣房地產黑暗期，正好也是我人生中最缺錢的日子，那期間我過得非常非常辛苦，前前後後至少有三十個會腳因為無力支付會錢而倒了我的會。

但是，我很自豪的是，從頭到尾，我一次都沒有去跟這些朋友要過債，因為我知道這些朋友之所以會倒我的會，完全是出於無奈，並非是惡意要捲款潛逃，實在是被大環境所迫，才不得不倒了我的會。

其中有些朋友在公司倒閉之後，並不是真的一毛不剩，我知道有些人的手上其實還有一點現金，但是我仍沒想過要去跟他們逼債，因為我知道那些錢是這些朋友用來養家活口的錢，我不願意逼他們把留給老婆和小孩的生活費拿來還我的債，我選擇自己把這些債務扛下來。

人活在這個世界上，都一定會有無可奈何的時刻，人生有太多難以預料的狀況，經常看到的都是錦上添花的多，雪中送炭的少。但是今天如果是自己掉到困境裡，即使不去期望他人伸出援手，對於願意體諒自己的難處，不願意步步進逼，落井下石的人，我們的內心絕對會有難以言喻的感謝。因為我自己也曾經處在那樣巨大的低潮裡，所以被倒了會的時候，我寧願自己想辦法找錢，也不願意上門找朋友要債，雖然因此我的生活受到很大的影響，不過終究還是熬過來，並且在之後嚐到苦盡甘來的甜果。

老天會給每個人一樣的機會，但機會是給準備好的人

人生除了要把握機會、及時行樂，也要「居安思危」！

房地產景氣開始復甦之後，我決定去執行當初規劃好卻來不及執行的「房地產代銷」事業，把「新銳傳播」和「新揚廣告」兩家公司由原本的一般綜合型廣告行銷公司，轉型為房地產代銷公司。當時，有很多新竹的建設公司來找我合作，因為我的團隊陣容龐大，也有實力，所以我可以自由選擇合作的建設公司。

此後，有一年多的時間，我總共接了四個案子，因為我有兩年房地產經驗，再加上六年各種服務業行銷企劃成功經驗與傳播公司ＣＦ、包裝、作秀的團隊，在這新興的專業裡，我占盡了優勢。這四個房屋代銷的案子

一下子就讓我累積了幾億元的資產，短短的時間內，我已經賺到足夠我一輩子不愁吃穿的財富，當時我才三十三歲。

從退伍開始到賺到一輩子吃不完的錢，雖然是八年之間的事情，對我來說，卻是極度壓縮的八年，我所面對的壓力之大，讓我這十年下來好像已經把所有對工作的熱情和精力都用盡。

也許，是先前的幾年實在太辛苦了，除了沒日沒夜地自我充實、學工夫、苦幹實幹的創業和經營，那些不斷被人倒會，每天被錢追著跑，常常三點半跑銀行軋票，偶爾得去信託公司或地下錢莊借錢，甚至一度還把結婚戒指金飾拿去當掉的日子，讓我身心所承受的壓力真的大到難以想像，我真的非常累了。

累積的實力誰也帶不走，但人生是自己的

我跟太太說：「從我退伍到現在，雖然只有將近十年，但我在工作中投入的時間和精力，絕對是一般人的三倍或四倍，如果工作三十年可以退休，我覺得我現在已經有資格可以退休了。如今我也賺到足夠一生花用的

財富，賺錢已不再是我奮鬥的動力，以前我渴望能夠成功來向別人證明我自己，這件事我想我也已經做到了，我現在實在沒有什麼人生目標，也沒有奮鬥的動能，至少目前是如此。反正我累積的知識和經驗都在我的腦子裡，這是誰也帶不走的，等哪天我又有了人生目標、奮鬥的動力，我可以再回來工作，但是現在，我真的只想要好好休息。」

決定出走泰國

於是，我決定帶著全家人移居泰國。

之所以會想要移居泰國，是因為一次泰國旅行，那次旅行讓我深深地愛上泰國。泰國是很舒服的地方，安貧樂道的民情，泰國人善良和藹，物價水準又低，加上泰國氣候怡人，天氣總是很好，當過海軍的我非常喜歡海，泰國南部離海又近，加上那時我開始迷上打高爾夫球，在泰國的那幾年，平常沒事我天天去球場打高爾夫球，假日就開車跑去海邊泡在海裡。

開始在泰國住下來的時候，我已經把絕大多數的資產都存到泰國銀行裡，因為當時泰國的銀行定存利息高達百分之十二，而台灣的定存利息還不到百分之三。幾億元放在泰國銀行定存，一年光是利息就有上千萬，泰國當時人民的薪水折合台幣大概幾千元，但我一年的利息就有上千萬，所以我在泰國的生活可以說非常愜意，每天都在球場打球，彷彿職業高爾夫球員一樣。

但是命運之神再度告訴我，「居安思危」這句話不是假的，很快地風暴再次無情地襲來，而這次我差不多粉身碎骨了。

chapter 3

亞洲金融風暴，二次財產歸零⋯⋯

身無分文，從頭開始

每次跌倒的經驗都是為了要修正自我，設立停損點、找出問題，才能邁向成功。

在泰國住了幾年後，我應一個建設公司朋友的邀約去了中國，幫忙他在中國的事業，由於當地資訊接收並不即時，我根本不知道發生了亞洲金融風暴。當時整個亞洲金融市場出現劇變，包括印尼、南韓、香港、菲律賓、馬來西亞等亞洲國家都受到嚴重衝擊，其中泰國更是首當其衝，身處在風暴的最中心。

面對索羅斯等金融家的炒作，泰國經濟不堪一擊，泰銖在外匯市場的跌幅超過百分之四十，泰國國內的金融機構倒閉破產的多達四、五十家，等我知道這些資訊的時候，我那些存在泰國銀行的積蓄早就已經化為烏有，一夕之間，我打拚十年才賺到的身家又全部歸零。

回到台灣從頭開始

經過亞洲金融風暴，在泰國把我賺到的兩億元身家全部賠光之後，我沒有太多時間沮喪懊惱，很快地收拾行囊和心情，回到台灣從頭開始。對於自己又要從頭再來，我並沒有感到太大的痛苦，反而因為找回那股必須為了生活和家人打拚的動力，而對人生和工作又開始有了熱情。

在泰國那幾年，我其實也跟人合夥投資開了一家建設公司，股東是三個來自台灣的年輕人，我出百分之六十的資金，三個年輕人出另外的百分之四十資金，這三個年輕人雖然對房屋買賣外行，但他們認為我有經驗，所以並不擔心，只是那時的我，心情已不再像最早在台灣創業的時候那麼渴望成功，所以工作得並不投入。

後來，隨著亞洲金融風暴的影響，我們在泰國的建設公司也跟著收起來，但事實上，在泰國被亞洲金融風暴掃過之前，我們在泰國的建設公司也沒有做出什麼成績。

我很早就體會到，如果想要成功，就一定要義無反顧，全心全意地投入，當一個人沒有太大的動力，做事並不是百分之百投入的時候，做什麼事都沒有成功的機會，這也是我一生中唯一經營失敗的事業。

全力以赴、找出問題，就能邁向成功

事實也證明，我的想法是對的。當初退伍的時候，我拚了命地想要成功，從什麼都沒有的窮小子開始，不顧一切地拿命去拚，一心一意只有一個念頭，就是我一定要成功，所以每件事都親力親為，全力以赴，再怎麼累，再怎麼辛苦，從來沒有放棄的念頭，就是那樣的決心和毅力，我才能挺過一次又一次的挫折。而這些經驗也教會我每次跌倒，就要做修正、設立停損點，備好B計畫，仔細檢討，找出問題的癥結之後，才能邁向更大的成功。

泰國金融風暴，也讓我對理財有了進一步的思考，當初我因為看上泰國銀行定存的高利率，所以幾乎把所有的資產都轉到泰國銀行定存，如此一來既不用花費精神投資，也不用承擔太多風險，事實上，我等於是偷懶把自己的錢交給別人管理，結果不但沒有我當初預期的輕鬆愉快，甚至賠光了所有的錢。

我現在都跟我兒子說，資金必須得要靈活運作和操作，雖然有時必須冒一定的風險，但是只要有認真研究做功課，在合理評估後，承擔風險是有必要的。如果因為不想承擔風險，而選擇把錢放在銀行定存這種風險最低的投資方式，其實就是發懶取巧，因為不肯花腦筋，把全部的雞蛋都放在同一個籃子裡，是一種不負責任的做法。

從生活中嗅出創業點子

處處有可能，在生活細節中發掘商機，都是創業的漂亮開端！

創業之路從頭開始，我需要現金收入，很快地我開了一家「飛人運動精品公司」，這是一家專賣耐吉為NBA球員飛人麥可．喬丹設計的專屬系列運動鞋，以及平行輸入美式流行休閒服飾的商店，我在新竹開了兩家，台北開了一家。

會想到要開運動用品店，其實是因為兒子的關係。

麥可．喬丹復出的那一年，整個NBA都在瘋喬丹，耐吉推出的球鞋大賣，球迷都要徹夜排隊，那時候兒子讀小六，從小就熱愛籃球運動的他，有一天跑來找我，要我買麥可．喬丹十二代的球鞋給他，我回應了他的要求，但提出了一個前提。

「好啊，你考試第一名，我就買給你！」

「好！那爸爸你現在就去買。」

「我說的是下一次考試第一名我就買，你現在又還沒考到第一名，少來跟我玩這一套！」

「爸爸，我保證我會考到第一名，但是你現在就要先去買。」

「你考到第一名，我保證就會買給你，我叫楊濟華，我可是很講信用的！」

「爸爸，你真的要現在先去買啦！不然等我考到第一名了，球鞋已經買不到了！」

「考試第一名是你的事，考到了第一名之後，買鞋就是我的事了。你不用替我擔心，把第一名考回來就是了！」

一個月後，兒子真的考了第一名，老婆跟我說要給兒子買鞋，於是兩個人抽空找了一天去百貨公司。

沒想到當我去到耐吉的專櫃問店員要買麥可．喬丹十二代的球鞋時，店員竟然對我投以不可置信的眼光，語帶嘲諷的說：「麥可．喬丹十二代的球鞋要很早很早就預訂，而且買鞋還得搭配一件八、九千元的雪衣一起買，不然就要是我們店裡的黃金ＶＩＰ，一家鞋店耐吉只有配十幾二十雙喬丹的鞋，哪裡是可以讓你一個不認識的客人想買就買的。」

我想起兒子當時跟我說，等他考到第一名我就買不到了，我怎麼也沒想到會有那種拿現金去跟人家買東西，人家還不賣的，回家的路上我心想自己這下糗大了。

因為不能失信於兒子，所以我跑到竹東、竹南的鄉下去找，結果也都缺貨。想到我老婆是西螺人，趁她回娘家時去西螺找了一圈，結果也是沒有。我不死心，決定再往更鄉下的地方去找。結果，總算在雲林的莿桐鄉讓我找到了，不過一雙原價三千六百元的球鞋，最後好說歹說，讓我加價花了四千多元才買到。

這件事讓我發現到運動用品原來那麼熱門，因為對籃球大帝喬丹的崇拜，使得原本只在運動場上才需要穿的衣服、鞋子等中低價消耗品，變成街頭美國風的時髦流行精品，甚至收藏品，這股熱潮應該會流行到喬丹退休為止。不做這樣的生意，還要做什麼生意？很多人想創業，但卻不知道做什麼好？事實上，生活中處處是商機，只要你夠敏銳一定可嗅出端倪。

花五百萬裝修運動用品店，開幕時竟無貨可賣？

找到不一樣的出路、做出商業區隔的差異性，便能開出一條創業的血路！

決定開店後，我花了五、六百萬裝潢，店裡的裝潢非常前衛，我用鑄鐵、H形鋼、火頭磚等很特殊的材質去裝潢，打造出來的店面還讓鄰居以為我要開夜店、PUB，特地跑來跟我抗議，我跟鄰居解釋我是要開運動用品店，大家還不太相信。

「飛人運動精品」店裡有一個籃球架，有球框，來店裡的客人可以投投球，活動一下筋骨，後來我在新竹當地的有線電視上了一支廣告，就是拍攝兒子在店裡灌籃的影片。

決定開店之後，我就跟台灣耐吉（NIKE）公司接洽，沒想到在開幕前幾天，卻接到台灣耐吉公司告知公司採飢餓行銷策略，為保護品牌形象和原簽約店，不能與我們簽約供貨。由於當時喬丹的紀念鞋款大熱賣，台灣耐吉採取限量供貨的方式提供給合作的店家，一家店每次只能分到二十雙、三十雙麥可．喬丹的限量鞋款。那時候只要能夠拿得到喬丹的鞋款，就算價錢很貴，消費者還是搶著要買，甚至還願意加價搶購。

也正因為喬丹紀念鞋款那麼熱門，所以台灣耐吉的姿態擺得很高，即使我願意和他們簽約，用現金買進他們的商品，但台灣耐吉卻拒絕提供任何麥可．喬丹的紀念鞋款給我銷售，這下子「飛人運動精品」陷入沒有飛人喬丹與耐吉球鞋可賣的窘境，我已經投資了不少錢在店面的裝潢上，開幕在即，我必須趕緊想辦法解決，以免血本無歸。

一開始我偷偷去跟兩、三家有和耐吉簽約的同行切貨，當時兒子雖然才小學六年級，但他比我還懂籃球球迷的喜好，所以我總是讓他幫我挑貨，決定要買哪些商品，然後我再用現金付款。那時候都利用同行晚上打烊以後選貨，常常得搞到半夜，每次搬貨都覺得自己好像在當小偷，萬一遇到警察，還真不知道怎麼解釋才好。

打造差異化的經營模式

雖然同行願意供貨，但這畢竟不是長久之計，生意要能做得起來，必需要做出差異化，找出自己的經營模式。這時我腦筋一轉，想到我或許可以直接去國外買貨，平行輸入回台灣。

當時亞洲金融風暴也吹到了韓國，韓元大貶百分之四十，我跑到當時還稱作漢城的首爾去切貨。那時韓國的麥可．喬丹限量鞋一雙售價大約是台幣三千六百五十元，我用美金兌換韓元去跟韓國人買球鞋，雖然球鞋的韓元定價和台幣差不多，但是因為韓元大貶，所以計算美元對韓元的匯差後，我等於用六折買到了喬丹的紀念限量鞋款，這四成的價差比起我直接跟台灣耐吉的代理商購買還要更加划算，我一口氣把漢城所有耐吉的麥可．喬丹限量紀念鞋款全部買下，再用貨櫃運回台灣。

沒想到，台灣耐吉拒絕配貨給我，反而激發我找出另一條更理想的解決之道。

去韓國買貨的模式持續了一年，直到韓元慢慢走強後，去韓國買貨就開始行不通了。那時候，我一直在想有沒有其他的國家可以讓我買得到麥可．喬丹的鞋子。我忽然想到中東地區的人民似乎不太打籃球，既然不愛打籃球，應該也不會熱切地注意ＮＢＡ球星，或是他們所代言的商品。

於是我問了一些有在中東地區做貿易的朋友，請他們去中東時，幫我找找有沒有耐吉的運動用品專賣店，如果可以的話，幫我拍幾張照片，問問看有沒有麥可．喬丹的限量鞋款。得到資訊後，馬上滙款請朋友買斷，當年杜拜的觀光還不像今日這麼有名，但是杜拜是中東地區的經濟和貿易中心，阿拉伯國家很多人都會到杜拜做生意，所以準備了錢，請做貿易的朋友再去杜拜。

果然和我猜想的一樣，中東人既不流行打籃球，也沒什麼人崇拜麥可．喬丹，所以我一路從中東大肆掃貨，把所有麥可．喬丹限量商品統統買回台灣，而且因為麥可．喬丹在中東知名度不像在其他國家那麼高，所以喬丹的紀念鞋售價還比其他國家低一點。

不僅如此，麥可．喬丹限量商品原本也有出女鞋和童鞋，但是台灣耐吉並沒有引進，去到那些不熱中籃球的國家後，我反而買到很多麥可．喬丹的其他限量系列商品。於是，為了買飛人喬丹的耐吉限量商品，我除了飛到韓國，託人去中東地區，還幾度去了美國和日本買貨。

美國有一家大型的運動用品專賣店Foot Locker，因為其市占率極高，運動用品廠商會為他們量身訂做獨家的限量款式。在當時，Foot Locker就獨家銷售耐吉的麥可・喬丹紀念球鞋黃色款式，我去美國跟Foot Locker買了一堆黃色的麥可・喬丹紀念球鞋，回台灣一雙黃色款可以賣到五千八百五十元台幣。許多年輕人一來到我的店裡，看到牆上高掛著只在雜誌上看過的黃色麥可・喬丹限量紀念鞋，都迫不及待要把限量球款帶回家。

限量款式和特有品牌開出藍海

就是因為「飛人運動精品」有充足的貨源和別家沒有的限量款式，當時讓我的球鞋除了供應三家「飛人運動精品」連鎖店之外，還可以批發給其他同業。

此外，我後來還平行輸入，引進APE、ECKO和義大利著名的DIESEL牛仔褲等年輕人流行的潮牌，來我店裡的年輕人，看到了這些雜誌上才有的流行服飾，既稀少又難得，而且絕對是正品不是假貨，都很樂意掏錢來消費。

在我的創業生涯中，「飛人運動精品」算是另一個意想不到的經驗，因為拿不到台灣代理商的貨源，我必須想辦法找出路。而且，除了找到貨源之外，更重要的是要做出自己和其他競爭者之間的差異化，才能吸引消費者願意特地到我的店裡消費，這也是「飛人運動精品」後來生意蒸蒸日上的原因。

信任與交情，多賺兩千萬

找到對的人，交到好朋友，以資源相輔相成，打造意料之外的商機！

自我開始從事房地產業相關工作沒多久，就和竹一建設的朱水松董事長認識，兩個人至今相識已有三十多年，他一直是我很尊敬的朋友。

朱董事長很早就到中國開了建設公司，還曾經找我去中國幫他的忙，我和朱董事長一起在中國工作了兩、三年，培養了很好的工作默契，朱董事長對我很信任，只是後來因為朱董事長必須回台灣照顧父親，因此結束了在中國當地的公司回到台灣接掌竹一建設。

我在中國和朱董事長一起工作的時候，亞洲金融風暴正在發生，我也被嚴重掃到，於是回到台灣重新開始。那時我正打算在新竹開店做生意，偶爾有空會去找朱董事長聊聊天。

閒置長草的空地，實為商機

回到台灣的朱董事長，在新竹市中心有一塊土地，不過卻一直閒置在那裡，沒有什麼安排。有一回，我跟朱董事長聊天時，說起這塊位於市中心、交通位置這麼好的一大片空地，什麼也沒做就擱在那裡長雜草，實在是很可惜。

朱董事長告訴我，由於當時房地產景氣並不是太好，那塊土地的位置雖然很好，但當下還不到可以大興土木的時刻，如果要讓這塊精華土地發揮最大的經濟效益，勢必要再等一等，雖然就這樣擱在那裡有點可惜，但是因為景氣什麼時候會好轉實在很難講，所以這麼一擱就擱了大半年。

朱董事長又說，原本也想過是不是在景氣好轉前，把土地先拿去出租或做點什麼事，但考量到景氣隨時可能好轉，一旦景氣開始復甦，那塊地馬上就要能夠動起來，如果現在租給別人使用，到時候突然要開始動工很可能會因為合約、租期等問題而綁手綁腳，延誤了更重要的計畫，與其日後真的要用到那塊土地時無法即時運用，倒不如就先暫時把它圍起來擱著，等待時機到了才能好好發揮作用。

聽了朱董事長的話，我突然有了一個想法，於是跟朱董事長說：「看在我們多年交情的份上，如果朱董信得過我，可不可以就把這塊空地租給我，我跟朱董簽一個合約，如果哪一天朱董要使用這塊土地的時候，只要告訴我一聲，一個月內我一定把所有的東西清空搬走，把土地還給朱董事長。」

對於我的提議，朱董事長有點好奇，於是問我想拿這塊土地做什麼用途？我告訴朱董事長，這塊位在新竹市中心的土地，既然目前沒有任何開發的計畫，與其擱在那裡養蚊子，我覺得也許可以先用來做停車場，這塊地的地點這麼好，做成停車場生意應該會不錯。

友誼和精準眼光，也能開出紅利獎金

沒想到，朱董事長很乾脆地同意把土地借我使用，甚至連租金也不跟我收，他只告訴我，如果停車場真的有賺錢的話，我們一人一半就是了。

於是我花了三、四十萬，把那塊空地整修後，蓋了一個平面停車場，每個月停車場的收入可以多達八十萬到一百萬元，三、四十萬的投資一下子就回收了，我這個停車場的包租公竟然也做了兩年半，直到兩年半後竹一建設才收回那塊地準備蓋房子。

原本只是一塊因為時機未來，而被閒置不用，任其長滿雜草的空地，因為兩個朋友之間的信任與交情，加上對市場獨到的判斷及精準的眼光，在沒有花費太多精神，也不需要大筆投資的情況下，意外地為彼此創造了兩千多萬的利潤。有的時候，正是因為找到對的人，交到可以信賴的朋友，在各自擁有的資源相輔相成下，可以創造出意料之外的商機。

朱董事長因為相信我的為人，知道我會信守承諾準時歸還土地，又信任我的眼光與判斷，所以放心地把那塊精華地交給我經營；我也很感謝朱董事長的慷慨和豪爽，無償的讓我使用那塊空地，利用一段原本用來等待，看似無可作為的時間，變化出一門投資報酬率極高的好生意，讓我們兩個人都因此受惠，兩年半內多賺了兩千多萬，而這兩千多萬的利潤，便是建基在信任與交情上多賺的紅利獎金。

chapter 4

人生第一份工作——義聯集團泛喬總經理

第一份正式工作就是總經理

對工作的熱情、對成功的渴望，讓我一步一腳印走向甘美而實在的成果！

從泰國回到台灣之後，我決定在新竹落腳重新開始，經營包括房屋代銷、飛人運動精品店、停車場以及一家裝修公司誠工舍，四門生意都做得很順利，雖然亞洲金融風暴在泰國賠光了全部財富，經過兩年多的認真投入，我也算把安家養老金賺回來，雖不如從前，但惜福仍夠用。

就在那個時候，義聯集團開始和我接觸，問我有沒有興趣到集團裡去幫忙。

第一次聽到義聯集團時，我其實是十分陌生的。我只知道義聯集團是一個規模很大的鋼鐵集團，全世界有百分之十的不鏽鋼都是由義聯集團生產製造，整個集團的大本營在高雄，也是高雄當地最大的企業集團，除此之外，對於義聯集團我並沒有更進一步的認識。

那時候我曾經鬧了一個笑話。有一回朋友跟我說義聯集團在高雄開辦了一所大學，我就問朋友是什麼大學，朋友回答：「義守大學」，我覺得莫名其妙，於是再問：「我知道是一所大學，那所大學叫什麼名字？」朋友回答：「就義守大學啊。」原來，「義守大學」就是用義聯集團林義守董事長的名字來命名的。

迎接新挑戰

在我跟義聯集團談過，接到他們邀請我加入義聯旗下泛喬建設的邀約之後，我就開始思考一個問題：如果我選擇繼續經營手中已經很上軌道的事業，其實就是重複自己先前的經驗，也許可以累積更多的財富，但是對我來說就只是在做一件沒有太多挑戰性的事情。

十幾年前，我做這些事情的時候，雖然很辛苦，但是很快樂，十幾年後如果還是繼續做同樣的事，我的人生可能就會變成食之無味，棄之可惜的雞肋，我並不希望自己那樣過生活。

考量到當時我已經為自己和家人賺到足夠一生溫飽無虞的財富了，可以不必跟現實妥協，也能夠按照自己的意願去作選擇，我希望有機會開創自己人生更多的可能，而義聯集團的企業規模和雄厚實力，應該可以讓我從事更具挑戰性的工作。

想清楚之後，我決定把自己手上的事業做一個結束，不是找人來接手，就是獲利了結。只是從來未曾在企業組織中工作的我，因為不確定自己能否適應，所以加入義聯集團的前五個月，還是以顧問的身分參與，五個月後，我相信自己可以在企業中找到發揮的空間，為義聯集團做出貢獻，而且林義守董事長也對我很好，所以我才正式成為義聯集團的一份子，確定接下義聯集團旗下泛喬公司的總經理一職。

擔任泛喬建設的總經理，是我人生第一次到企業上班，成為其中的一員，所以我領到第一份正式工作的薪水，竟然就是總經理的薪水。

在台灣集團工作，從基層員工要升到課長、襄理、副理、經理、協理、副總、執行副總，如果從大學畢業算起，升到副總級以上高階主管至少需要二十五年，而升到總經理更是不到千分之一的機會。

當你在做基層員工的時候，每天都只是在做被分配的執行工作，無法參與決策。但自己創業的話，所有的決策、成敗自己負責，會逼著你在最短的時間學習到高階主管的策略及處理問題的能力，不管你的小公司賺了多少，至少你賺到投資自己。或許那一天，你也可以像我一樣，帶槍投靠集團。

我因為創立小公司獲利的經驗非常足夠，使得我在第一次上班時就能勝任總經理的職位。但我尚未具備國際級水準的競爭力，接下這個工作，也是希望自己能嘗試、學習與挑戰，讓人生留下一個作品。

外表年齡不等同工作年資

我記得在二十八歲開公司的時候，每次去見客戶，當我把名片遞給對方時，常常招致懷疑的眼光，他們看到片名上的頭銜，總覺得眼前的這個人還這麼年輕竟然就當了總經理，好像有點不協調，幾度還有人直接問我的爸爸是誰，以為我有個富爸爸，才能年紀輕輕就成為總經理。為此我還曾經努力想辦法裝扮老成，除了刻意留起鬍子，還把頭髮燙起來，穿著打扮也比一般同年齡的人還要更成熟一些，就是為了要增加自己的穩重感。

我剛出社會的那幾年，當我的同學朋友下班後都在唱歌、打牌、玩樂時，我卻是沒日沒夜地拚命工作著。連續幾年我每天都睡不到四、五個小時，甚至有好幾次長達一、兩個月的時間，我沒有上過床好好睡一覺，當時就是一直工作、一直工作，直到覺得體力真的不行了，就隨便找個長椅沙發躺一下，然後把鬧鐘放在旁邊，瞇個兩、三個小時就起來繼續做事，那時候年輕精力旺盛，所以能夠這樣操勞。

那些用外表和年齡來判斷我適不適任的人，其實是因為對我不了解，他們無法想像我在退伍之後，每天都工作二十個小時，工作時間是同儕的兩、三倍。因此二十八歲的我雖然退伍沒幾年，但是以一天工作八小時計算，我一天二十小時的工作時間，五年下來，根本已經超過一般人工作十年以上的年資了。

透過工作學習後的回甘滋味

我從退伍後進入社會，就幾乎心無旁騖地投入工作，因為急著想要成功的動機太強烈，我像是著魔般地工作，每天除了工作，還是工作，那時候一睜開眼就有好多東西等著我去學習，去完成，一直到耗盡力氣之後，才去休息，隔天一大早又火力全開地繼續工作，當時我對工作的熱情，以及對成功的渴望，讓我根本就不覺得辛苦或厭倦，只是一心想朝著目標前進。

現在想起來，反而覺得當時的生活好過癮，對一個初出茅廬的年輕人來說，那些埋頭學習，下苦工磨練，幾乎是拿命去拚，像個海綿一樣吸收學習的日子，正是建立我日後在面對工作或生活種種挑戰時應有的態度與信心，我向來不在乎吃苦，一步一腳印地走過那些歷程後回頭再看，帶給我的全部都是甘美而實在的滋味。

逆向行銷——把最大的缺點登在頭版頭條

危機就是轉機、缺點也可以轉化為優點，換一個角度就能找到扭轉的機會！

正式加入義聯集團之後，我擔任集團旗下泛喬建設總經理，推出的第一個建案，是在觀音山上的「大學城別墅」，一共有一百零九戶。

「大學城別墅」蓋好的時候，觀音山周邊都還沒有開發，公司內部針對這個建案開會的時候，我問了公司同仁對於這個案子有什麼想法，覺得這個案子最大的問題是什麼？結果大家一致認為交通不便是最大弱點。

的確，我也認為交通不便是這個建案最大的缺點，我的想法是直接去挑戰最大的問題點，把最大的缺點變成最大的賣點，那其他的就能迎刃而解！最後「大學城別墅」一百零九戶果然全部完售！

推出大學城別墅的時候，還沒有義大二路，光是從觀音山下開車上山就要繞山路繞個十幾分鐘，荒煙蔓草，深山林內，這一百零九戶蓋在遙遙山頭上的歐式別墅，究竟要怎麼推銷出去？能夠賣給什麼人？這成了我在泛喬建設擔任總經理推出的第一個案子面臨的最大挑戰！

換個角度，顯而易見的缺點也能轉化為優點

當時要到大學城別墅的民眾，從高速公路交流道下來後，到了大覺寺右轉再上觀音山，然後還要再走十幾分鐘的山路。雖然十幾分鐘的路程並不是非常遠，但因為走的是山路，一直繞來繞去，所以讓人覺得好像格外遠，尤其天黑的時候更是覺得漫長。

我查了一下高雄的地勢及地理位置，確認高雄是個沒什麼山、平原比較多的地方，高雄近郊只有壽山和觀音山兩座山，大學城別墅的所在位置就在觀音山，山上空氣好大家都知道，而觀音山更是整個高雄空氣最好的地方。我決定把問題點當成機會點，把利空當成利多，就用這個來做為大學城別墅的行銷重點！

大學城別墅的廣告海報slogan主打：「去歐洲，免簽證，十八分鐘直

達歐洲度假村！」海報的背景是一片綠意，slogan旁還有一段文字，內容說明根據醫學調查，人類在具壓迫感及空氣污染的水泥叢林中生活，長期下來對身心有很大的負面影響，如果能夠常常看看綠色植物，呼吸植物所釋放的芬多精，讓自己有機會處在大自然的環境中，對個人的身心靈健康有很大的幫助。

另外，還有進一步的研究顯示，人類在水泥叢林中，經過十八分鐘左右的轉換，再進入到綠色植物環繞的空間後，對於壓力的沉澱和釋放有很大的幫助。

不同角度的感官詮釋

海報畫面及文字的設計，是要吸引民眾的目光，讓民眾產生對接近自然的生活產生嚮往，引起民眾前來看屋的欲望，這是銷售大學城別墅的第一步。

在海報的文案中，除了強調大學城別墅的歐式氛圍與自然環境，有助於生活壓力大的現代人放鬆外，接下來，我在通往大學城別墅的那條山路上，每隔一、兩百公尺就放置一塊高三公尺、寬六十公分的看板，看板上面寫了各種讓人聯想到大自然蟲鳴鳥叫和鳥語花香的標語和詩詞。

民眾在這十幾分鐘的山路車程中，除了一再的吸收到大自然意象相關的訊息外，同時也不斷的被提醒要留意沿路的自然生態，上山的民眾透過看板上的小品文或短詩來轉換與沉澱心情，十幾分鐘車程之後，整個人就會放鬆得多，這時一進到大學城別墅的所在地，看到一個充滿歐洲意象，彷彿度假村一樣的寬闊視野與雙併別墅，幾乎來到這裡的每個人都會有煥然一新，神清氣爽的感覺。

透過不同角度的包裝與詮釋，把原本最大的問題點，變成一個最大的機會點，就是行銷的專業所在。因為行銷策略的運用得當，大學城別墅原本令人困擾的交通不便和地點僻靜等問題，變成最後熱賣的最大因素。

後來大學城別墅超乎預期的在開賣後一個月內就銷售一空，一百零九戶全部完售，而且銷售後期房價甚至還上漲，我在泛喬總經理任內的第一個案子算是交出一張漂亮的成績單。

大學城別墅這個案子，就是把最大缺點，轉換成最大賣點，一個最鮮活的實例。每個人在職場上都一定會遇到很多不同的問題，或者自己本身也可能有一些短時間難以改變，或是無法克服的問題，如果能夠訓練自己在面對問題時，懂得從問題點本身去找到機會點，有時候可能會看到隱藏在問題背後的無限可能，進而把本來是障礙的石頭，變成提升價值的墊腳石，試著培養自己從不同角度看事情的能力，從中找到扭轉的機會，慢慢的就會累積自己的競爭力。

背對大馬路的金店面，以「消費者」的眼光貼近大眾的需求

相信自己的專業判斷、貼切消費者的心，才能把握藍海契機！

我任職泛喬建設總經理大約有四年的時間，期間我總共做了四個案子，其中「歐洲商店街」這個案子，一度讓林董事長氣得臉色發白，差點沒翻桌要我走人。

回想當初「歐洲商店街」的規劃設計與實際建造過程，真的費了很多苦心跟老闆溝通，即使和老闆的意見相左，但身為專業經理人，我不願意放棄自己的專業判斷，幾番堅持總算爭取到老闆的首肯，願意給我空間讓我發揮，幸好後來證明我的判斷是對的。「大學城別墅」的建築風格，為義大世界的整體建築語彙作了最好的定位與襯托，義大世界才能以今日的

樣貌呈現在大家的眼前。

「歐洲商店街」位在義守大學正門前，也是一個具有歐洲建築風格及充滿歐洲悠閒氣氛的休閒特區，門口有一座大型德國羅德堡式建築，整條街廓自成一個歐洲風格的商店區域。早在我接下泛喬總經理之前，這個案子不僅早就定案，也已經申請好建照準備開工。原本是以傳統商店街的形式來設計規劃，我確認出任泛喬總經理之後，林董事長覺得應該聽聽我的意見，所以決定先暫時停工，讓我看一看原先的設計和施工計畫有沒有什麼問題。

要做就要像真的一樣，打破既有的格局

整個建案就是那種外牆貼著馬賽克，一整排三層樓的建築相連，一樓用來當作店鋪的商店街。我把整個設計和施工圖都仔細看過之後，便決定推翻全盤既有的規劃，我要求這個案子要全部重來，把原本的東西統統拋棄掉，從設計到施工都要從頭開始。

我可以想像，如果按照原先的規劃下去建造的話，最後蓋成的景

象，一定會是不時在老舊社區看到的那種街巷。往往，就是一樓店面是機車行，在屋簷下有黑手師傅蹲修理機車，二樓用三夾板分隔成幾間簡陋粗鄙的雅房，因為租金低廉，房客來來去去，住客出入複雜，要不了幾年，這整排建築就會變得黑黑暗暗，又髒又亂，毫無景觀可言，甚至可能藏污納垢，變成治安的死角。

義守大學位居高雄觀音山上，腹地龐大，自然景觀舒適怡人，周遭環境仍然保持得十分良好，「歐洲商店街」既是當時義守大學附近第一個推出的建案，絕對有更多的可能和做法，我們有機會，也應該好好保護並珍惜這麼美麗的景觀，所以開發的時候也要有不同於傳統的想法和做法。第一個建案對當地景觀的風格與素質，有著決定性的影響，對義守大學來說攸關校園周邊的景致與觀瞻，所以我堅持把原有的設計施工都改掉，重新再來。

為了這個案子，我自己自費跑去歐洲不同國家實地考察，總共拍了兩千多張照片回來，然後用照片的樣子去模擬歐洲城市的建築設計風格，營造「歐洲商店街」的建築意象。

要做就要和別人不一樣，建造獨有的異國景致

起初，林董事長一看到我們重新提案的建築模型時，整個人氣得臉色發白，全部的人都嚇得不敢吭聲。林董事長愈想愈生氣，大聲地問我：「楊總，你告訴我，全世界有哪一個店鋪是屁股面對馬路的？你還種樹把馬路這一頭和人潮隔絕，你不知道店鋪就是要面對大馬路才有生意做？才會賺錢嗎？你這樣用屁股對著馬路，有誰要來買我們的店鋪？」

林董事長不能理解我為什麼把店鋪正面背對大馬路，然後種了一整排大樹，讓馬路和整個歐洲商店街隔絕，自成一個獨立的商店街區，再加上充滿歐洲風格的建築物，宛如童話書中的城堡和洋房，林董事長還以為我是要蓋兒童樂園。

除了整個建案的外圍方向大調整，建築本身的設計我也做了截然不同的改變，原本的設計是把每間店面蓋成狹長形，每間店面深度長達二十幾米，店面和店面相鄰，全部都朝向大馬路。我的規劃則是把每間原本狹長的店鋪切成三個較方面的區塊，左右兩個區塊改成面積較小，但深度不超過十二米的店鋪，中間區塊則做成一條內廊街道，如此一來，就有兩排店

面相對，店門面對著內廊街道，行人在其中穿越行走，同時可以看到左右兩旁的店家。

為了讓「歐洲商店街」成為一個獨立的小商圈，我們還把原先靠近馬路的那一側種上了大樹，一方面可以美化景觀，一方面也可以隔絕噪音，整個「歐洲商店街」就像是鬧中取靜的度假山莊。

基於充分使用容積率的原則，「歐洲商店街」的一樓由店家進駐，二樓以上則做成高級學生套房，每間套房平均有十坪，設備完善，環境舒適，而且生活機能十分方便，所以每間學生套房平均可以收到每個月一萬元的租金。

除此之外，我還特地讓每個建築體有各自的風格，房子的屋頂或高或低，呈現出自然錯落的天際線，所有建築都採歐洲風格，希望盡量做到外型粗獷又渾厚，同時帶著藝術氣息的質感。內廊街的大門設計成城堡造型，同時還保留一個空間，打造成表演舞台，學生們可以在這裡創作或表演，行人或遊客則坐在一旁喝咖啡看表演。

我卸下泛喬建設總經理的職務時，「歐洲度假村」還沒有完工，原本設計以岩石材質做為商店街外牆的規劃，最後被改貼磁磚，不過幸好所有的建築主設計還是保留了歐洲情境的風格。

今日義大世界的整體建築概念就是從這一條「歐洲商店街」為開端，一點一滴延伸出今日義大世界獨特歐洲街市的悠閒氣氛和雅致風格，當時沒有因為老闆大發脾氣而依照原本的設計去執行，在努力爭取與溝通下，才能為日後的義大世界開展出截然不同的建築風格，打造出今天義大世界的獨特景觀與視野。

有所堅持的執著

敢跟老闆為了對的事去爭辯去爭取，既是膽識也是執著。

過程中，我有所堅持，不能拋棄自己的專業判斷與思考邏輯，所以在面對那些被視為理所當然的所謂「行規」時，我除了努力吸取專業知識，還能夠以一個「消費者」的眼光貼近大眾的需求，進而成就了許多的創新成果。

這些年來，在加入義聯集團後，我和林董事長有過多次的爭執，都是為了堅持自己的專業判斷，而不顧違逆林董事長的想法，跟林董事長據理力爭。曾有幾次，我跟林董事長說：「專業經理人如果不能堅持自己的專業判斷與執著，那就會成為米蟲！」雖然林董事長聽了我的話後，認為我在威脅他，但是最後他還是都答應我的要求，接受了我的意見。這是身為專業經理人的自我要求，也感謝林董事長如同伯樂珍惜千里馬一般的海量與遠見。

杜拜可以，台灣為什麼不能？

信念產生力量，正面影響他人，全世界都能成為你共同奮鬥的夥伴！

進入義聯集團擔任泛喬公司總經理五年之後，我跟林董事長提出辭呈，因為我覺得自己的能力已經得到證明，做出自己覺得還算滿意的成績，所以想要換個環境，試試新的東西，我想去上海創業。不過才去了上海九個月，林董事長就找我回義聯集團。

林義守董事長並非出生在高雄，卻在高雄深耕四、五十年。義聯集團是高雄最大的集團，本業做的是鋼鐵業，近年來因為環保意識抬頭的緣故，重工業的工廠陸續都被趕出高雄，產業不斷外移造成高雄這個城市空洞化，近三百萬的市民以及集團約兩萬名的員工怎麼辦？他有責任配合政府為高雄這個城市轉型做國際觀光服務業，他要打造義大世界。

一開始聽到林董事長要在高雄發展觀光服務業，我覺得很好奇，因為義聯集團是一個鋼鐵集團，突然要轉做服務業，打造一個國際休閒觀光度假村，除了相關的人才、know-how等軟體資源全部都沒有，就連最基本的地點都不知道在哪裡。

杜拜可以，台灣更是可以！

和林董事長約了見面的那天，我問他義大世界要蓋在什麼地方？沒想到林董事長淡定地告訴我，就是觀音山上那一塊空了很久的土地。我聽了之後對著林董事長傻笑，心裡想著要在那個鳥不生蛋的偏遠山上，蓋一個國際觀光度假村？這是在跟我開玩笑嗎？

林董事長可能看出我心裡的疑惑，在我還沒開口前，就豪情地說了一句：「杜拜可以，台灣為什麼不行？」

林董事長的這句話當下點醒了我，我心想：「是啊，杜拜只是一片沙漠，如果杜拜可以，台灣為什麼不行？」

因為林董事長對這塊土地的豪情讓我決定重新再回到義聯集團，全心投入這個把荒山野嶺變身為國際觀光度假村的不可能任務。

林董事長認為政府想要推動的是發展觀光，高雄的天氣好、土地好，人力資源好，身為高雄最大的企業集團，他對高雄有感情，更有義務，所以他要帶頭出來做，推展台灣的觀光服務產業。但是義聯集團一直是鋼鐵大王，鋼鐵是一個堅硬、制式化、資本密集的行業，忽然進入需要高度創意、彈性與變化的服務業，就好像跳入一個全然不同的世界。

自我提問來找出市場

最初開始規劃義大世界的時候，我問了自己一連串的問題……

阿里山有神木，日月潭有湖，清境有山，墾丁有海。那麼，高雄大樹鄉觀音山上有什麼？

全台灣最熱鬧、地段最精華的台北市信義區，最大的君悅飯店總共蓋了七百七十間房間，地處高雄偏僻山上的義大世界兩家飯店，需要蓋一千多個房間，市場在哪裡？

全台灣的每個大城市，想要買衣服、裙子、襯衫、領帶，只要十幾分鐘車程，幾乎都可以到百貨公司消費，甚至近年來網路購物大行其道，在家裡動動手指上上網，想買什麼就有什麼。如果義大世界在荒郊野外的僻靜山上蓋了一個二十萬平方公尺，相當於五個百貨公司那麼大的購物中心，消費者為什麼願意千里迢迢特地來到義大世界Shopping？

台灣兩大主題樂園，「劍湖山世界」面積六十公頃，「六福村」更高達一百二十公頃，義大世界的主題樂園面積卻只有三點七公頃，這麼小的空間如果要做樂園，難道只能做成兒童樂園嗎？我們如果要蓋成主題樂園，面積卻只有其他主題樂園幾十分之一，要怎麼才能和同業競爭呢？

這一連串問題，我問過很多人，但結論都只有一個：那就是不宜在高雄觀音山上蓋大飯店、購物中心和蓋主題樂園。這麼多人持反對票，竟然有人願意掏出五百億元投資，把這個不切實際的想法落實，雖然覺得不可思議，我還是決定為林董事長實現夢想。

一個月尋找成功的鑰匙

我沒有從事過樂園、百貨、飯店等工作，所以沒有枷鎖，而且過去沒有並不代表未來不行，我需要的是逆向思考，尋找邏輯、證據，我與林董事長相處了五年，他知道我這個人生性好強、說到做到，五年來答應的事從未跳票。我告訴他：「給我二個月的時間思考。」接著我到世界各地考察，回來後我告訴林董事長：「我找到成功的鑰匙了！」

如今，義大世界可以說是台灣有史以來最大的休閒造鎮，當初林董事長把山上的土地買下來，做好水保與環評，一年多之後變更成建地，然後就這麼擱置了二十八年。這期間，山上的地只蓋了義守大學，誰也沒想到那塊雜草叢生的山坡地，在閒置不管了那麼多年後，有一天竟然會搖身一變，變成一個既是國際化又現代化，兼具休閒娛樂消費藝文等功能，全年遊客絡繹不絕，為高雄帶來極大經濟效益的飯店、樂園、百貨三合一的觀光勝地。

信念生成力量

這一切，如果說是把不可能的任務變成可能，我個人更相信是因為林董事長的信念產生了力量，才能讓這個計畫落實，得到今天的成果。林董事長熱切地想為高雄這個讓他發跡、陪著他耕耘幾十年的地方做點什麼，他想要回饋，不忍看到高雄這塊土地的活力，一點一點地消失，所以願意投入自己的資源和精力，盡一己之力回饋社會。

董事長這般的信念帶有極大的力量，不只感動了我，也讓我願意全心全意地去完成這個任務，也進一步感染了所有每一個曾經參與其中的人，最後，終於讓義大世界在高雄誕生，也讓高雄因為義大世界而有了更多的可能。

其實受到林董事長這句「杜拜可以，台灣為什麼不行！」的豪氣與信念所感動的人，不只有我，還有金色三麥的葉榮發董事長。

葉董事長是位藝術家，長年在加拿大伐木從事雕刻創作的他，看到義聯集團抱著回饋台灣的心情，在高雄偏遠山上做出這麼大的投資，葉董事長覺得很感動，在我轉述林義守董事長說：「杜拜可以，為什麼台灣不可以！我沒有想要賺錢，我只是要做這件事情！」時，葉董事長根本還沒有仔細評估在義大世界開店的市場概況，當下就立刻告訴我：「我一定要挺你們，即使虧本我也要來這裡開餐廳！」

金色三麥在義大世界開了一間兩百多坪的餐廳，開幕初期也曾經營得很辛苦，但是很快就進入佳境，現在每天都門庭若市，生意興隆，是義大世界最受歡迎的餐廳之一。

經過這些年的起起伏伏，我愈來愈相信，人生一定要有信念，也就是內心堅定信奉的理想和目標。信念會讓人產生力量，而這個力量就是一個人的能量所在，可以激發人的鬥志，就像汽油之於汽車一樣，不可或缺。甚至可以影響別人，成為共同奮鬥的夥伴。

chapter 5

荒山上投資五百億，大家都說「瘋了」！

不斷被應徵者拒絕的CEO

從消費者的角度去思考、以遊客的眼光去檢視，確認目標和策略來打造關鍵！

當初構思建設義大世界成為一個國際度假村時，我就想要做一個如果全家投票決定旅遊地點，可以取得家中所有成員多數同意，讓不同年齡、性別、喜好的家族成員都能夠在義大世界找到自己有興趣的玩法，成為全家人共同出遊的度假地點。

最後我決定要做一個全世界獨一無二的國際度假村，其中，要有高級飯店讓來到義大世界的遊客能夠感到放鬆、好好享受；要有購物中心讓女性朋友能夠逛到忘我、樂不思蜀；還要有一個能夠滿足男女老少的主題樂園，讓年輕人覺得刺激興奮，讓小孩玩得歡樂開心，讓爸媽感到輕鬆愉快，讓全家人在這裡都能找到自己想玩想要的東西。

雖然我自己有信心可以做好，但根本沒有人看好。那時候我天天都要給自己作心理建設，不要輕易地受到別人影響。由於常常接收到別人充滿質疑的眼光，在邀請別人加入我們的行列時，或者是邀請廠商上山來參訪，得到的答案經常都是「No」。

高雄市相對於台灣的其他城市，算不上富有，而義大世界的所在地還是隸屬在更偏遠，曾經是高雄縣的大樹鄉觀音山上。在義聯集團投入開發之前，義大世界旁邊就只有土雞城和靈骨塔，當初林義守董事長決定投資五百億來做休閒造鎮時，幾乎所有人都認為不可能。那些跨國的休閒造鎮設計公司，或是百貨商場購物中心的設計公司，甚至連我們要外包委託他們設計執行，都還不願意接我們的案子，直接就拒絕了，認為義大世界市場不值得做。

一點一滴摸索的草創期

因為沒有人願意接義大世界的案子，我們只好自己做。對照現在義大世界第二期的案子，日前以數百萬美金委託給國際專業的設計公司執行，當初因為無人肯承接，硬著頭皮一點一滴摸索打造出義大世界的我們，算是幫公司省下了數百萬美金的設計費。

接下任務之後，我開始了人生中壓力最大的時光，中間有幾年我甚至開始看精神科，吃百憂解之類抗憂鬱的藥。那時候每個月發票請款的金額都是十幾億，每簽一張單就代表公司又有了一筆很大的開銷，不僅如此，還有好多問題卡在那裡一直無法克服，光是購物中心落成，建物的使用執照都拿到了，但招商數還是掛零這件事，就讓我壓力大到快崩潰。

最早著手規劃義大世界，決定要建造一個結合主題樂園、購物中心和高級飯店的國際休閒觀光度假村時，我身邊沒有半個曾經待過主題樂園或百貨公司的相關專業人士，只有一個曾經在飯店短暫工作過的三十一歲年輕人。

義大世界草創時期，我們也曾積極對外招募具有百貨公司、主題樂園或飯店開發管理相關經驗的人才，希望邀請有經驗的專業人士加入義大世界的團隊，當初也的確有一些應徵者上山來面試，期間我親自面試過來應徵中高階主管的人選大概有一、二十位，但是，最後卻沒有任何一個人在錄取後來義大世界報到。

面對質疑帶來的成功思考

義聯集團的全國知名度在沒有做義大世界之前，一般大眾是有點陌生的，不過只要查找一下義聯集團的資料，就可以確知義聯集團是一個很具規模，也有相當實力的鋼鐵集團，所以不少人願意到高雄觀音山上面試。

但是，當應試者克服交通不便，親自來到義大世界之後，看到當時還在大興土木的工地，一片荒涼僻靜，人煙罕至的景觀，根本完全無法想像這裡以後會有主題樂園或購物中心，於是心裡開始產生怯意，想著要打退堂鼓。

那時候和應徵者面試時，我往往還問不到幾個問題，面試者就提出一連串問題質疑我，問我為什麼想在這裡蓋義大世界；問我覺得義大世界這麼偏遠，交通這麼不方便，怎麼能夠吸引客人前來；問我義大的老闆為什麼會這麼大膽，敢在這裡投資五百億……？過程中自然有些應徵者，我是很歡迎他們加入義大世界的，但這些人經常在面試結束時，告訴我會考慮看看，最後結果是沒有任何一個人決定來義大世界上班。我不僅是被廠商拒絕的ＣＥＯ，那段期間，我也成了一直被面試者拒絕的ＣＥＯ。

我在演講的時候，常常告訴聽眾，一件事情的成功與否，在策略定位完成的時候，就已經決定了百分之八十的成敗，剩下的部分，無論交給再怎麼能幹的經營團隊，也只有百分之二十可以發揮的空間。所以一個案子能否成功，一開始的目標設定、策略執行方向以及軟硬體的規劃等，往往是最關鍵的階段，一旦目標和策略確認，這個計畫的命運，幾乎就已經底定了。

義大世界從開始開發建設，最初的兩、三年，正是我最需要人的時候，身邊卻沒有相關經驗的人士。一切只能靠我自己過去創業累積的經驗判斷，以及從消費者角度來評估市場需求，然後邊做邊學地慢慢摸索出成功之道。

一直到義大世界的建築整體結構一一完成，園區大致的雛形出來之後，才開始有專業人士陸續報到，加入義大世界的團隊。但是那時候最重要的架構都差不多已經底定，義大世界的成敗也算是決定了八成。雖然開始有專業人才加入我們的團隊，但是對義大世界的幫助而言，相對地也小了很多。

面對拒絕帶來的人生訓練

現在想起來，我反而非常慶幸當初一直被拒絕，完全找不到願意加入義大世界的相關專業人士。如果當初我自己或者團隊中有任何一個人曾經在百貨公司、主題樂園，或是飯店業做了十年、八年，那麼，我們的框架就會被那些經驗所限制，就不會有勇氣去做出一些不符合「行規」的嘗試，正因為我們完全沒有這樣的包袱，只是單純地用遊客的眼光，考察全世界的市場與消費者的反應，從消費者的角度去思考什麼才是他們想要的主題樂園、購物中心，以及飯店服務，進而才能做出真正符合消費者需求的商品與服務，創造出今日義大世界得來不易的成績。

以小搏大的主題樂園

有效運用有限資源、激發非傳統思維的創意，開闢出一條嶄新的康莊大道！

最初提出要在義大世界做主題樂園時，很多人一聽到我們的主題樂園土地面積只有三點七公頃時，第一個反應就是義大世界的土地面積這麼小，主題樂園怎麼可能做得起來？

台灣幾個主要主題樂園的土地面積都是義大遊樂世界的幾十倍，例如六福村主題樂園的面積高達一百二十公頃，是義大遊樂世界的三十多倍，劍湖山世界雖然沒有那麼大，但也有六十公頃。義大世界如果堅持要做樂園的話，也許只能做個兒童樂園了。

早在規劃要不要做主題樂園之前，我就先做了一個市場調查，市調結果得知消費者決定要去哪家主題樂園玩時，關心的重點在於主題樂園裡到底有多少項遊樂設備，還有設備好不好玩，以及整個樂園的氣氛好不好，歡不歡樂，至於樂園本身的土地面積大小並不是消費者會關心的問題。

此外，我也親自去了全世界各個著名的主題樂園參訪試玩，其中，韓國首爾很受歡迎的樂天世界，是一個土地面積只有五公頃的主題樂園，不過樂天世界卻提供了四十三項遊樂設施。

對照土地面積很大的劍湖山世界，建置的遊樂設施數量為三十二項，而六福村主題樂園則是三十六項，韓國的樂天世界並沒有因為土地面積只有五公頃，而提供較少的遊樂設施，所以能夠容納多少項遊樂設施和土地面積並沒有絕對的關係，如果是這樣，義大遊樂世界根本不必因為土地面積比較小，而自我限縮只能做個兒童樂園。

韓國的樂天世界之所以能夠在五公頃的土地面積內提供四十三項遊樂設施，有一個很重要的因素，是因為樂天世界有室內的遊樂園，把遊樂設施擺放到建築物的不同樓層，就能容納不少遊樂設施，而不需要太大的土地面積。

台灣過去沒有人想到可以蓋室內的主題樂園的原因，其實是因為台灣從來沒有人把建地拿來做主題樂園，大家都被既有的框架限制住了，總以為主題樂園就是要去找面積很大，而且價格非常便宜的土地，所以大家都把主題樂園蓋在山坡上，遊客一進到樂園就覺得大得不得了，感覺非常有規模，但一整天玩下來要走很遠，很多時間都耗在一個設施到另一個設施的路程上，卻從來沒有人想到用比較集中的方式，在有限的土地上蓋一間室內主題樂園。

我因為從事建築業，對於建築物的設計規劃有所了解，所以在考察完國外主題樂園的現況和趨勢之後，我開始試著把遊樂設備一項一項配置到室內建築物的不同樓層裡面，用兼顧安全及效率的方式，讓三十七項遊樂設施安置在室內遊樂空間，只留下比較大型的遊樂設施在室外的場地。

突破限制，挑戰業界的「不可能」

結果，義大遊樂世界總共容納了四十七項遊樂設施，比劍湖山世界多了十五項，比六福村主題樂園多了十一項，甚至也比韓國樂天主題樂園的四十三項，還要多了四項。

除了室外的十項大型遊樂設施，義大遊樂世界的其他三十七項設施全部集中在一棟樓高七層的建築物裡，遊客來到這裡玩，上下樓都有電扶梯可供搭乘，全天候中央空調，在恆溫乾爽的室內空間玩樂，完全不用擔心颳風下雨曬太陽，即使是颱風天，義大遊樂世界也照常營業，這也是義大遊樂世界能夠做到開幕至今一千多個日子，三年多來從來沒有一天不開店的原因，創下了台灣主題樂園真正全年無休的紀錄。

我們之所以堅持要做到全年營業不休息的原因，是因為每天都有預約的客人風塵僕僕地來到義大世界的飯店住宿，即使是下大雨颳大風，總還是有客人會依約前來，而這些客人之所以來到義大世界飯店住宿，無非是為了要去主題樂園好好玩一玩，或者是去購物中心逛街買東西。客人不辭千里地來到義大世界，我們就有義務滿足客人的期待，提供客人最好的服務，所以無論如何，我們都堅持義大世界要照常營業。至今，台灣還沒有其他的主題樂園能夠做到真正全年無休，天天開店營業的紀錄，義大遊樂世界做到了！

義大遊樂世界從規劃構思的階段，一直到後來的建設與執行，因為事前做足了功課，加上完整而全面的配套措施，所以無論是室內或室外的遊樂設施，都得到顧客非常正面的回應，遊客不但玩得過癮，而且室內舒服的環境，不必受限於氣候變化，玩起來更加自在盡興，而且在全體同仁的努力下，整個樂園所營造出的歡樂氣氛，讓義大遊樂世界開幕以來，每年的遊客都超過上百萬人次。

一般擁有建築用地的個人或企業，都以為最好的投資方式，就是把土地拿去蓋房子，在有限的時間內賺取最大的利潤，從來沒有人會想到要把建地拿來做主題樂園。正因為義聯集團決定要做義大世界的初衷，就不是只從營利的角度出發，所以把珍貴的建築用地做了不同的運用，連帶地幫助我們用不同的角度思考，進而激發出有別於傳統思維的創意與做法，才讓義大世界可以開創出自己的一條路。

樂園設施摩天輪，竟然蓋在離樂園六百公尺外的屋頂上！

摩天輪設置在飯店對面？扭轉邏輯判斷，爭取更多不一樣的可能！

在義大世界，摩天輪是必玩設施，也是義大世界的代表性地標。原本所有人都理所當然認為摩天輪要放在義大遊樂世界裡面，從來沒有人就摩天輪要不要挪到其他地方做過討論，直到我提出要把摩天輪放在距離樂園六百公尺外的飯店區時，突然讓所有人都嚇了一大跳。

義大世界的摩天輪直徑長達八十公尺，海拔位置高達二百二十五公尺。當初在規劃義大世界的動線和位置安排時，因為摩天輪屬於義大遊樂世界一票到底的設施之一，所以放在樂園裡面，好讓到樂園玩的遊客方便搭乘，是一件再合理不過的事，根本不需要浪費時間討論。沒想到，我居然提出建議，要將摩天輪放在距離樂園六百公尺以外的地點，為了這件事，負責飯店經營及樂園管理的主管在會議上炮火連連，對我的提議予以反對和質疑。

要被人們看見的義大世界指標

其實，最初我在思考摩天輪應該擺在哪裡時，第一個念頭就是這個摩天輪是義大世界最重要的一個招牌，看到這個摩天輪，就會想到義大世界，因此，我們應該把摩天輪放在一個最顯著，最容易被最多的人看到的地點。

義大世界是順著馬路建設的一個長條區域，兩家飯店的位置在最接近高速公路交流道的這一端，然後就是長達六百四十公尺的義大世界購物廣場，再往後才是義大遊樂世界，而從飯店往樂園的方向走的話，是一條有坡度往下延伸的路，所以如果把摩天輪放在位置較低，離高速公路較遠的樂園裡，從外頭就完全看不到這個代表義大世界的重要指標。

因此，為了要讓摩天輪這個極具吸引力的招牌，能夠遠遠地就被清楚看到，甚至讓高速公路上開車經過的民眾，也能看得見這個台灣最高的摩天輪，就連遠在三十五公里之外的高雄市最好也能看得到，進而推知義大世界的方位所在，那麼，摩天輪就絕對不能夠被擺在地勢低矮又離大馬路較遠的義大遊樂世界裡。

在開發義大世界時，因為找不到願意承接的設計公司來進行樂園的規劃，所以義大世界的各項開發計畫就由我來主導，然後在每個階段把進度及計畫書呈給林董事長，再定期召開會議，跟各個部門的相關人員說明且討論。

傾聽反對的聲音，也提出不同的做法

提出要把摩天輪蓋在離樂園六百公尺外的地點時，已經到了設計階段的尾聲。在當天召開的會議上，包括林董事長和各個部門的主管都出席與會，我一提出要把摩天輪挪出樂園，就架設在皇冠飯店的對面時，話才剛說完，立刻就引起很多反對的聲音，不同的單位有不同的意見，但總歸到底，都認為我的提議不可行。

樂園部門的同仁們提出的反對理由，不外乎以下一點：摩天輪是樂園重要的賣點之一，遊客買了一票到底的入場券，來到樂園一定要搭乘摩天輪，特別是樂園旁邊就有一個平面停車場，很多人會盡量把車子停在那裡，就算不得已停車停到了購物廣場地下室的停車場，因為購物廣場的建築體呈長形，所以要去樂園玩的遊客也都會盡量停得靠近樂園這一邊，才不用走那麼遠的路，如果要搭摩天輪，還得步行六百公尺外才能夠搭得到，這樣對遊客來說實在是既不人性也不貼心。

至於飯店的同仁，則提出看似更站得住腳的理由，來反駁我的這個構想。飯店同仁表示，義大世界的皇冠飯店是全高雄最高級的五星級飯店，飯店的建築高度只有二、三十公尺，但摩天輪光是直徑就有八十公尺長，一旦把摩天輪架設在飯店的對面，一定會造成住客的光害和噪音問題，不僅如此，飯店住客的隱私也會受到摩天輪乘客的影響，屆時恐怕會造成很多客訴。

力排眾議的正確選擇

我跟大家說明，之所以認為摩天輪應該要蓋在飯店這一側的理由，除了因為摩天輪是義大世界的招牌與地標，要讓最多的人能夠看得到外，另一個好處是所有要搭乘摩天輪的人，都必須步行穿過義大世界購物廣場，這樣可以增加遊客在購物廣場消費的機會，提升Outlet Mall的營業額，既然客人都不遠千里來到義大世界了，應該不會介意再多走六百公尺去搭摩天輪。

更何況義大世界購物廣場的動線安排與空間設計，既寬敞又有趣，除了店家的裝潢講究，還有天空廊道和sports zone等有趣好玩的設施，再加上遊客看到一流國際精品令人心動的Outlet價格時，說不定會慶幸還好走了這一段，才有機會用這麼划算的價格買到這麼高級的東西，我相信客人走這六百公尺不但不會抱怨，反而會覺得很有意思。

至於飯店同仁擔心的問題，我在提出這個想法前，其實也都考慮過。客人難得有機會來住這麼好的飯店，他們想要的就是跟在家裡不一樣的感覺，飯店的吵雜，反而是一種歡樂的聲音，摩天輪的光害，則是一個美麗的圖騰。住客要是擔心隱私的問題，可以把窗簾拉起來，更何況購物廣場在晚上十點之後就打烊了，一切就會回歸平靜，完全不必擔心有洩露隱私的可能。

經過我的說明，大家雖然還是半信半疑，但已經不再像原本那麼反對。事實證明，我當初力排眾議，堅持把摩天輪蓋在飯店這端的做法是一個正確的選擇。

錯位思考創造不同的美麗亮點

現在皇冠飯店六百五十八間客房中，最快被訂滿的房間，永遠是面對摩天輪那一排的客房。朝向摩天輪的客房不但總是先客滿，而且還要額外加價才能訂得到，但一樣最受歡迎，開幕至今未從有過住客投訴光害、吵雜或是隱私的問題。

而且摩天輪放在飯店這一頭，還有當初沒想到的優點，幫義大世界創造了額外的營收。

原本只是來義大世界購物和住宿的客人，因為看到摩天輪，想說去搭乘一下，白天可以看看高雄的城市風光，瞭望整個天際線，晚上則欣賞義大世界的夜景，都很不錯，這些遊客只要購買摩天輪的票券，不需要花九百元買樂園一票到底的門票，就能夠搭乘摩天輪，我們提供客人多一種選擇的機會，也為義大世界爭取了額外的收入。

當初大家所謂的「不應該」，聽起來似乎很有道理，但事實上仔細推敲，用邏輯判斷並非如此，當我們把很多習以為常的事情看成理所當然時，一不小心也許就錯失了許多的可能。

為了打造國際精品Outlet Mall，搞到要吃百憂解

別人做不到的，我為什麼做不到？最大的挑戰，也必然會是最大的商機！

最早在規劃義大世界的時候，我們就鎖定購物中心、主題樂園和飯店三大重點，但我其實把飯店視為配角，因為飯店並不是吸引人潮上山的誘因，能夠讓民眾願意不遠千里而來的關鍵不會是飯店；反之，如果購物中心和主題樂園沒有經營好，那麼飯店就不會有住客，所以，義大世界的真正主角並非飯店。

那麼，義大世界的第一主角究竟是主題樂園還是購物中心呢？我的答案是「購物中心」。

二、三十年來，一直有聽到有人要像歐美、日本、香港一樣，在台灣

蓋一個國際一流精品的Outlet Mall，不過風聲傳了好多年，卻一直沒有被落實。

最初，當我被林義守董事長找來做義大世界的時候，我們也想到蓋一個國際精品的Outlet Mall，在現在的台灣應該會有不錯的市場反應，不過等到真的定案，決定打造台灣第一個國際精品Outlet Mall之後，我們才發現要做國際精品Outlet Mall，絕不只是蓋一個華麗的購物中心那麼簡單，成功的關鍵，最重要的決定權並不在我們手上。

打造台灣的國際規格

義大世界的三大部分，主題樂園、飯店和購物中心，從規劃到正式營運，各有各的難題與困境，但是最大的挑戰，卻是來自購物中心。

主題樂園和飯店雖然也有很多需要克服的問題，但是只要內部評估做得夠好，有足夠的投資下去建設，樂園和飯店蓋好之後就可以營業，但是Outlet Mall因為有招商的問題，所以只有努力是不夠的，必須有國際精品的加持，才能達成目標。

世界最頂級的三個品牌LV、CHANEL、HERMES每年創作推出數百項商品，然後鋪貨到全世界各國進行銷售，受到在地民情文化經濟社會等條件影響，每一季難免都會有一些較不受當地市場青睞的商品。而這些沒有賣掉的高級精品，一旦被放進庫存後，如果超過二百五十天都沒有流動，區域總經理就會簽字，把庫存商品寄回總公司，總公司的CEO再簽字決定把未能賣出的精品，送進焚化爐全部焚毀。

這樣的做法，就是為了確保精品的市場價值與珍貴性，避免貶損精品的品牌形象，成了不得不作的抉擇。其他的國際精品為維護品牌高貴形象，不能在店櫃內做折扣促銷，只好把過季商品集中到Outlet銷售，但他們仍堅持在符合形象的商場設立自營店櫃，而且有一千萬人口的區域才設立一個Outlet櫃位。

我知道台灣有一些建設公司，曾經想透過開設Outlet Mall的方式，吸引品牌入駐衛星城市，以開發新的商圈，進而造鎮，藉以提升當地房地產的價格，只是最後都沒能成功。

我想了解其中原委，為什麼台灣這樣極具潛力的精品消費市場，二十年來，竟然沒有任何一個業者能夠成功打造出一間符合期待、又切合品牌規格的國際精品Outlet Mall。

達到精品品牌的招商水準

研究後我發現，台灣之所以一直開不成國際精品Outlet Mall，是因為台灣的業者在計畫開設Outlet Mall的時候，都未能提出一個符合這些國際精品滿意的商場空間，因為達不到精品品牌要的水準，所以品牌不願意進駐開店，以免砸了自己的招牌。

對國際精品業者來說，即使是Outlet，也必須顧及品牌形象，不會因為是Outlet就放寬對賣場空間的要求。這些年台灣雖然一直有人想要經營精品Outlet Mall，但遲遲沒能出現符合精品業者要求的商場空間，所以台灣的精品Outlet都一直處在只聞樓梯響，不見人下來的階段。

一個購物中心，若要能夠成為國際精品Outlet Mall，最重要的關鍵，就在於是否能夠得到國際精品大廠牌的認可，並同意進駐設點，提供過季的正牌精品在商場銷售。但是，要能夠得到這些世界級精品品牌的首肯，難度非常高。

在沒有涉入百貨精品業，沒有真正開始建設台灣第一家國際精品Outlet Mall之前，我根本無法想像，義大購物中心的招商問題，會成為我參與義大世界規劃與執行的過程中，最大的難題，也是我吃百憂解等抗憂鬱藥物的開始。之前很多事情都沒有打倒我，一關一關闖過來，如今Outlet Mall竟成為我的最大夢魘，也是最大挑戰。

從來沒人做到，義大完成它

步步為營便能萬事俱備，世界級企業打造台灣第一個國際級的商場！

決定接下義大世界的工作之後，在購物中心規劃初期，我便親身走訪全世界許多Outlet Mall，跑了亞洲各國、美國、歐洲各國去參訪，除了考察各地Outlet Mall的交通位置、店面裝潢、進駐品牌等各項軟硬體設施以及周遭環境外，我還跟不少當地的Outlet Mall業者交流請益，我大膽歸納出幾個共同特徵，悟出全球Outlet Mall開店條件。

一個國際精品品牌決定是否進駐某個Outlet Mall，有幾個重要考量。首先，Outlet Mall的地點不能離市中心太遠或太近，離市中心太遠的話，消費者沒有意願跑到那麼遠去購物，但太近的話，又可能影響精品品牌正品在市區的銷售，所以理想的距離大概在距離市中心三十公里左右的地方。

其次，Outlet Mall的地點必需要交通方便，Outlet Mall的附近一定要有高速公路交流道，方便消費者前來；再其次，設置Outlet Mall的地方必需要有足夠的國際觀光客，因為國際精品的目標消費族群不會只鎖定當地的民眾，全世界有購買力的消費者都是他們的潛在客戶，因此能不能觸及來自各國的觀光客是精品品牌考量的重點；最後則是Outlet商場的經營者，本身必須是一個信譽卓著，有著良好企業形象的公司。

著手打造國際級品牌的入駐要件

歸納出這幾個國際精品決定是否進駐Outlet Mall的因素後，我有信心義大世界應該能夠得到各大精品的青睞，在我們的努力之下，義大世界購物廣場完全滿足了國際精品業者選擇Outlet Mall的所有條件。

只要義大世界能夠成為台灣最好的國際度假村，義大世界購物廣場絕對能夠吸引全球一級精品品牌來這裡設Outlet。義大世界擁有Crown Plaza等級的五星級皇冠飯店，有全台灣最好的主題樂園，有美輪美奐的高級購物商場，全世界的Outlet Mall沒有一間有義大世界這般的完成度。

由於Outlet已經是大幅折扣後的便宜商品，投資方能得到的抽成很低，所以一般用來做為Outlet的商場為了投資報酬率不會花太多金錢來打造，大多是用最簡單陽春的方式蓋出大空間，像美國很多Outlet就是鐵皮屋蓋成的，再不然就像香港的Citygate，在地鐵的最後一站東涌站，把Outlet Mall設在裝潢不那麼講究的建築物中，不會花大錢用高級建材來裝潢整修建築品的外觀。

評估台灣人的消費特性

但義大世界並非如此，我要為台灣人設計台灣人喜歡的購物中心，台灣人一向習慣在百貨公司購物，因此認為大理石建材、挑高空間的購物環境是理所當然的，義大世界購物廣場除了引進各國精品進駐，在硬體設備上非常講究，有九個廳的電影城、室內SportZone（乒乓球、籃球、羽毛球、撞球、攀岩、冰刀式滑冰場及室外Go Kart）、百家餐廳，以及彷彿到了拉斯維加斯的天空廊道，讓全家人都喜歡來到這裡度假。百貨業界講求坪效，不會為了顧客滿意度不惜增加成本、犧牲坪效而這麼做，我的堅持終獲精品業者的青睞。

此外，義大世界附近有高速度公路交流道，交通方便，而且義大世界距離高雄市中心也不到三十公里，義聯集團更是一個信譽卓越，誠實可靠的世界級企業，我們萬事俱備。

義大世界購物廣場具備成為一個國際精品Outlet Mall的優勢，不只在於硬體設備的完整，還包括我們的整體評估能力與設計能力。過去這些年招商遇挫的經驗，從分析歸納出精品業者決定進駐Outlet的關鍵，到一一去克服所有可能的問題，我們相信我們已經做足功課。

過程中一直有很多人認為義大世界根本不可能做到，因為台灣從來沒有人成功做過Outlet，更何況義大世界不在消費力強的中北部，而是在高雄縣大樹鄉觀音山上，義大的努力到頭來可能是一場空。但是怎麼做才算成功？要怎麼做才會成功？其實並沒有一個標準答案，不過我有信心，正因為從來沒有人成功過，義大世界才有機會第一個達陣，打造出台灣的第一個國際級的Outlet Mall。

購物中心完工，使用執照到手，招商掛零！

鎖定領頭羊品牌，打造可產生磁吸效應的環境，各大精品品牌必定跟進！

正常百貨商城的招商，會在賣場一邊建造時就一邊進行。但是因為義大位處偏僻山上，市場的未來性難以評估，像這樣招商請店家設櫃做生意，店家必須自己出錢投資裝潢，多數的風險會由店家自行承擔，也因此，品牌在考量是否進駐商場前，會格外謹慎。

義大世界從動工到完工，三年的工程期間，起初經由朋友關係輾轉介紹，我們陸續邀請各大國際精品品牌的中高階主管親自上山參訪：礙於人情面子，也有近十組人馬浩浩蕩蕩地蒞臨，當時還沒有義大二路，這些品牌高層搭車來到一八六線道，一行人繞著山路繞到頭暈目眩，終於抵達義大世界時，卻看到灰茫茫的一片天，幾乎所有人都快要昏倒了。

整座山頭就是一個大型的工地，這些來訪的精品公司中高階主管看到之後，覺得義大世界根本是在開玩笑，要在這麼偏遠冷僻的地方蓋購物中心做Outlet Mall，跟到中央山脈開店幾乎沒兩樣。

所以早期來訪的精品公司高階主管，在參訪之後的反應經常是拍拍我的肩膀，跟我說他們真的很敬佩我和我的老闆，膽子大到敢在這裡投資建設。每每聽到這種話，我的內心就開始淌血。我知道這些話的本意，其實是覺得我們要在這裡開Outlet Mall，根本是異想天開，頭殼壞掉。

這些人回去之後，不是電話關機，就是出國洽公，再也不接我的電話，統統音訊全無。無奈之際，我只好回去報告林董事長，最後我們決定在工程完工前，停止一切招商活動，等到全部建設完成，房子蓋好，拆掉鷹架之後，再來進行招商工作。

應對招商的考驗

事實上，義大世界購物中心的招商甚至創下台灣紀錄，在取得建築使用執照之際，整個義大世界購物中心的招商數竟然還是掛零。

義大世界開始試營運的時候，購物中心只有三成店面有店家進駐，其餘的店面都還掛著「COMING SOON」之類的海報，因此試營運期間我們被顧客罵個半死，到了義大世界正式開幕的時候，整個Outlet Mall的商店也才進駐了約七成店家。

國際精品一向非常重視品牌形象，所以絕對不會在一般的百貨公司專櫃或自營店裡任意下折扣，就算有優惠，折扣的空間也非常有限，否則就可能破壞長久苦心經營，好不容易才打造出的精緻講究、高貴奢華形象。全世界有三個知名國際精品是從來不在Outlet設櫃的，這三個品牌分別是LV、Hermes以及Chanel。而這三個從來不做Outlet的品牌，正是國際精品業界中四大重量級品牌的其中三個。

四大國際精品品牌中，唯一會做Outlet的精品品牌，就是Gucci。

我們所寄望能夠扮演領頭羊的品牌，就是國際精品四大品牌中，唯一一家有做Outlet的Gucci。一旦Gucci決定在義大世界購物中心設Outlet專櫃，接下來就會產生磁吸效應，許多其他的精品品牌勢必會跟著搶進，那麼義大世界努力做為台灣第一家國際精品Outlet Mall的目標，一定可以達成。

Super Junior來相助，Gucci成領頭羊

窮盡各種可能，找出可行方案，有志者，事竟成！

義大世界購物廣場的招商，一直很不順利，直到二〇〇九年亞太影展在義大世界舉行頒獎典禮之後，事情總算有了一百八十度的大轉變。

義聯集團是高雄最大的企業集團，所以要在高雄舉辦的大型活動，幾乎都會來找義聯集團洽談合作贊助的可能。義大世界剛剛落成那一年，台灣要承辦亞太影展，於是主辦單位與我們聯繫，詢問義大世界有沒有意願贊助亞太影展，經過內部評估之後，我們認為這是一個好機會，除了同意贊助亞太影展，同時亞太影展頒獎典禮也將在義大世界舉行。

義大世界要做全台第一個國際精品Outlet Mall，的確有足夠成功的條件，我們缺的只是臨門一腳。那時候很多國際品牌的總經理都跟我說只要

有大的國際品牌進駐義大世界，他們就一定會跟進，所以決定承辦亞太影展之後，我就鎖定Gucci，希望能夠成功地邀請Gucci來進駐設點，成為領頭羊。

貼心理解創造更多可能

當時Gucci的開發經理、市場經理等中高階主管清一色都是女性。義大世界決定贊助亞太影展之後，我特地去了解Gucci這些中高階女性主管最喜歡的亞洲偶像是誰，打探的結果，答案是那時候在韓國和台灣都很紅的男子偶像團體「Super Junior」。

於是，我們決定邀請Super Junior來台擔任亞太影展頒獎典禮出席貴賓，讓Super Junior來到台灣，來到義大世界！

很幸運地，Super Junior同意來台參加亞太影展的頒獎典禮，確定後我做了一些安排，然後告訴Gucci的主管們，亞太影展頒獎典禮當天我們特地保留了Super Junior座位隔壁的位置給她們，不僅如此，頒獎典禮之後的慶功宴，我們還會安排Super Junior跟她們坐在同一桌，請她們務必要來捧場。聽到這個消息，Gucci的主管們都興奮到快崩潰了，直說當天一定要叫總經理帶她們來義大世界參加亞太影展頒獎典禮。

亞太影展頒獎典禮當天，Gucci台灣董事總經理真的帶了經營團隊來到義大世界，頒獎典禮結束後的慶功宴，Gucci台灣董事總經理坐在我旁邊，手上拿著一杯酒，我正在想要找個話題跟她聊聊時，她忽然舉起酒杯對著我說：「小楊，我決定了，我們要來義大世界設點。」聽到這些話，我就這麼愣在那裡好幾秒，當下不知道該接什麼話好，只覺得這幾年一直懸在心上的大石頭，咚的一聲，終於掉了下來。

亞太影展活動結束的那一晚，是我接義大世界總經理一職以來睡得最香的一個晚上，隔天早上起床的時候，我的枕頭濕濕的，我分不清枕頭究竟是被感動的淚水沾濕，還是被睡得太沉的口水濡濕的，無論如何，積壓在我心上多年的大石頭，總算放下來了。

台灣第一個國際精品品牌Outlet Mall

有志者，事竟成！義大世界為了讓國際精品品牌同意進駐，所做的一切努力，遠遠超乎大家的想像，最後Gucci真切地感受到我們的用心和誠意，也看到義大世界購物中心確實有資格成為一個國際級Outlet Mall，因此同意在義大世界設立Outlet專櫃。

多虧了Gucci總經理同意讓Gucci進駐義大世界，成為第一個在義大購物廣場駐點開設Outlet的重量級國際精品品牌，扮演了義大世界躋身國際一流精品Outlet Mall的領頭羊，後續吸引了許多國際精品品牌一一加入義大世界Outlet Mall的陣容，才讓義大世界真正的成功做到台灣第一個國際精品品牌Outlet Mall。

我真的很感謝Gucci何總經理的義氣與魄力，而義大世界也沒有讓Gucci失望，在Gucci進駐義大世界購物廣場的第一年，全年的營業額就有超過百分之十五的成長，一起共創了雙贏的成果！

義大世界的招商儘管困難重重，一再碰壁，我始終沒有放棄過，只是一心一意窮盡各種可能，不斷想著找出可行的辦法，雖然歷經了一段慘淡的招商歲月，但因為旺盛的鬥志和不放棄的精神，最後皇天不負苦心人，總算讓我們做出台灣第一個國際精品Outlet Mall。

chapter 6

讓義大世界攀上高峰

摩天輪當機成頭條新聞，善用危機反而賺到兩億元！

問題就是扭轉的大好機會！危機處理不只是讓客人對服務滿意，還要讓客人感動！

籌備了好多年，義大世界終於完工開始試營運，沒想到才試營運沒幾天，摩天輪竟然大當機，讓搭乘摩天輪的遊客被掛在空中長達八十五分鐘，全台灣的電子和平面媒體連續好幾天以頭版頭條的方式大幅報導義大世界摩天輪當機的消息。

義大世界從籌備規劃，克服許許多多的難題，好不容易一步一步走到這裡，義大世界才準備要正式開幕，就鬧出這麼大的負面新聞，搞得舉國皆知，當時我被林董事長罵慘了。

不過誰也沒想到這個義大世界摩天輪當機的新聞事件，最後反而變成一個千載難逢的機會，幫公司省下兩億元的廣告費，成為一個義大世界正式開幕前的一個大利多！

連在地人都不知道的主題樂園

來到高雄工作後，我習慣去觀音山下大社鄉一家連鎖美容院剪頭髮，每次去剪頭髮都是由二十幾歲的九號設計師操刀，每次去剪頭髮的時候，我總是不太說話，九號設計師也從來不會多問什麼，這麼一剪也剪了三年多，直到有一天，我忽然心血來潮想跟九號設計師做一下市場調查。

我問九號設計師住在大社鄉多久了，設計師說她是在地人，從小在當地長大，所以已經住在大社鄉有二十幾年了。既然她是當地人，我再問她知不知道觀音山上有人在蓋主題樂園，在蓋高級飯店，同時還在蓋購物中心，以及視聽設備足以媲美台北國家音樂廳和國家劇院的皇家劇場。

聽到我的話，九號設計師持續熟練地拿著剪刀在我的頭上遊走，我每說出一個正在蓋的大建設，設計師就貌似驚訝地說：「喔？不得了耶！」連續說了四、五次「喔？不得了耶！」之後，設計師放下手中的剪刀特地走到我面前，看著我說：「我在這裡住了二十幾年了，如果觀音山上真在蓋你說的這些大飯店、百貨公司，還有主題樂園，怎麼可能我連聽都沒聽過，你是在騙肖仔嗎？」

一個多月後我再去剪頭髮，才進門，九號設計師就抓著我的肩膀猛搖，邊搖邊說著：「哇！你說的都是真的！你們神經病，花這麼多錢在山上蓋這些，你們是神經病！我在這裡住了二十幾年，山上怎麼會有市場，頂多只有義守大學的學生，誰會千里迢迢跑去山裡玩。」

這天，我沒有料到九號設計師的反應會這麼激動，搖得我的手臂都快脫臼了。原來，九號設計師那天聽完我的話之後，覺得半信半疑，就找了一天和男朋友兩個人騎車上觀音山去瞧瞧，一上山才知道原來我說的都是真的。

那時候我就意識到，連在觀音山下離我們這麼近的人都不知道山上正在蓋義大世界，那麼台灣其他地方的人更不可能會知道義大世界了。

事實上，在義大世界摩天輪大當機之前，全台灣幾乎有百分之九十八的民眾根本不知道高雄有個義大世界，但在經過媒體連續幾日頭版頭條大幅報導義大世界摩天輪當機事件之後，全台灣不知道義大世界的，只剩下百分之二。

新聞打開知名度

曾經有過統計，如果一個品牌要讓全台灣百分之九十八的人都認識，廣告預算至少要下到兩億元，而義大世界因為新聞媒體連續幾天強力放送摩天輪當機的新聞，原本沒沒無聞的義大世界，一下子變得全國知名，這下子義大世界等於賺到兩億元廣告費，免費創造了全國知名度。

只是有了全國知名度之後，如何扭轉新聞事件中的負面形象，則是另一個層次的問題。

義聯集團從來沒有做過主題樂園，義大世界是第一次，所以沒有經驗，由於義大世界的摩天輪是從歐洲採購回來，因為歐洲的氣候和台灣很不一樣，包括濕度、風速、設施敏銳度等各種條件都不盡相同，所以摩天輪初來乍到，對台灣的氣候環境有點水土不服。

義大世界的摩天輪裡安裝了超過三百個感應器，只要其中任何一個感應器測到一個不安全訊號，就會讓電路系統自動斷電，這是基於安全必要的控制措施，一旦斷電，就要等到障礙排除了才能再度啟動。再加上摩天輪設置在主題樂園六百公尺外的地點，所以當機的第一時間，工程人員要帶好裝備去到摩天輪所在的位置，需要一點時間。這是導致摩天輪停擺八十五分鐘，未能快速恢復正常運作的原因，後來我們都一一向媒體說明解釋。

此外，民眾被困在摩天輪裡，因為是待在包廂中，安全絕對沒有問題，民眾也不至於覺得太可怕，等到機器修復以後，受困的民眾回到地面，現場除了安排護理人員即時待命，還贈送給每位受困的遊客價值近三千元的禮物，誠懇地向他們表達我們的歉意，同時盡心體貼安撫遊客。

受困的遊客因為感受到義大世界的誠意，所以回去之後沒有任何一個人向媒體抱怨申訴，就連媒體主動詢問引導，也都沒有民眾在批評義大世界，甚至後來在網路上還有人開玩笑說不知道什麼時候義大世界的摩天輪會再當掉，如果有的話要趕快通知他，因為他也想要享受免費八十五分鐘的空中套房，順便再拿價值三千元的禮物。

因此義大世界摩天輪當機之後，新聞後續沒有任何負面報導，我們也誠懇地告訴社會大眾以及在地的媒體，詳細說明摩天輪當機的原因和後續處理的程序，更重要的是，公司內部全體工作人員都上緊發條，大家都全力以赴，務必在正式開幕之前，解決所有執行上的問題。

除了知名度，還要打造正面形象

此外，快要正式開幕時，我們推出一波義大世界的形象廣告，希望讓社會大眾在認識義大世界之後，開始建立對義大世界的正面印象。同時，我們也積極給予員工教育訓練，授權所有員工危機處理時的最大權限，萬一有什麼狀況，該如何去安撫客人的情緒，務必盡力讓客人對我們的服務感到滿意，甚至希望能夠做到讓客人感動。

義大世界自從正式開幕之後，就沒有再出過大的錯誤，試營運期間摩天輪因歐洲設備過度敏感造成斷電停機，反而為當時還沒有什麼知名度的義大世界打開了全國知名度，因此正式開幕時我們就可以跳過打知名度廣告，直接去做形象廣告，然後積極從事公益活動。

這幾年我應不同單位的邀請，演講已經累積超過八十場，每每演講結束前，我都會開放Q A的時間給台下的聽眾發問，我算過八十幾次的提問中，有將近二十次第一個被問到的都是同一個問題：聽眾好奇我究竟是怎麼把一個看起來殺傷力很大的負面新聞事件，逆轉成一個成功推銷義大世界的行銷奇蹟。

就如我一再強調的重點，問題點往往也是機會點，遭逢失敗挫折的時候，千萬不要因此而灰心喪志，試著從不同的角度思考事件本身，然後想辦法找出其他的可能，因此遇到打擊的時候先別急著懊惱，很多時候只是一個觀點的問題，找出不同的觀點，原本的劣勢就可能會變成優勢。

摩天輪化解暴動危機

農曆初二湧入數百位遊客，即將造成暴動，該如何化解危機？

義大世界正式開幕兩個月後就是農曆新年，我還記得大年初二一早，義大世界主題樂園就湧進大批人潮，中午過後遊客仍然不斷湧入，眼見已經超過樂園能夠容納的最大人數，為了安全起見，我決定不再開放遊客入園，萬萬沒想到，這個決定差點引起一場暴動，最後是遠在義大主題樂園六百公尺外的摩天輪救了我們。

當天中午，義大世界主題樂園已經湧進超過一萬六千人，由於主題樂園的空間有限，如果遊客太多，光是要玩一個遊樂設施，可能就要排上三、四個小時的隊，這樣不但大大破壞遊客的玩興，可能造成服務不周的問題，而且遊客排了那麼久的隊，許多人難免會心浮氣躁，一不小心就可能擦槍走火，發生衝突，所以當天下午一點四十五分左右，我就下令暫停半小時不開放遊客進入主題樂園。

先理解顧客，再行思考解決方案

禁止遊客入園的決定才發出沒多久，我就接到警衛室通報，說大門口售票處有民眾要強行闖入主題樂園，現場還有人在叫囂謾罵，請我趕快到現場處理。

當我到大門口看看現場是什麼狀況時，沒想到竟然有五十幾個人硬要衝撞進入主題樂園，雖然警衛站在門口守著大門不讓遊客硬闖，但現場已有不少民眾氣憤又火大地開始鼓譟罵人。

工作人員苦口婆心地說明，告訴遊客之所以不讓他們進去，是為了他們的安全以及玩樂的品質著想，但被擋在門外的遊客絲毫不領情。

在安撫遊客的情緒之際，我們接著傾聽了他們的心聲。原來，有許多遊客當天特地搭高鐵來到高雄，從出了高鐵站之後，又塞車塞了一個半小時才來到義大世界。結果，排隊買票又耗他們了一個多小時，光是從出高鐵站到買好門票，就已經花了兩個半小時。

沒想到，終於買好了票可以進去玩了，卻被告知主題樂園暫停開放入園，義大世界這樣的做法，究竟是什麼意思？民眾愈說愈氣憤，根本聽不進我們的解釋。

抗議的民眾又說，他們的小孩已經跟著他們排了那麼久的隊，花了那麼多的時間，無論基於什麼理由，他們都不能接受我們不讓他們入園的做法，不管怎麼樣，就是先讓他們入園再說，因為他們連票都已經買好了，義大世界不能夠拒絕他們入園。

聽了現場民眾的話，我可以理解他們的怒氣並不是毫無來由。而我一想到義大世界才剛開幕，如果第一個農曆新年的大年初二，就有人在門口起衝突、甚至打架，能看嗎？

民眾言之有理，的確是我們自己沒有經驗，不知道在農曆年期間會一下子湧進這麼多的人潮，再加上因人數管制而禁止遊客進入主題樂園時，沒能及早地停止販售主題樂園的門票，還讓遊客排隊排了那麼久購票，的確是我們的不是。

危機應對的訓練

正在為難之際，我突然心生一計，想到可以向摩天輪求救！

我當機立斷，馬上請公司的義大客運車隊把接駁車開過來，然後用擴音器跟現場情緒還很激動的民眾報告。為了大家的安全和遊玩的品質，請他們聽聽我的建議，調整一下玩樂的順序，現在先去搭乘摩天輪，然後稍晚再回頭去主題樂園玩其他的遊樂設施。

這樣一來，遊客不但不用排隊，還可以兩個人享受一個車廂，但是如果先進遊樂園玩，等到下午五、六點才去坐摩天輪的話，那時候至少得要排隊等兩個小時才能夠搭得上，而且還要六、七個人共乘一個車廂。何不現在先去坐摩天輪，然後再回頭去主題樂園玩，我保證到時候一定歡迎大家入園。

聽了我的話之後，很多等著入園的遊客接受了我的建議，同意搭乘接駁車先去坐摩天輪，然後再步行回主題樂園，繼續其他的行程。

在這些遊客去搭摩天輪的同時，一個多小時之內，主題樂園就已經消化了三、四千個遊客，那些早上九點就來到主題樂園的民眾，玩到下午兩、三點就開始陸續返家，聽我的建議先去搭摩天輪的遊客也就順利進到主題樂園繼續玩。

身為公司的負責主管，必需要有危機處理的能力，因為很快地想到把人潮導向摩天輪，既安撫了遊客的情緒，也解決了主題樂園當時人滿為患的困境，這個原本可能會引起很大問題的衝突事件，就這樣平息了。

誰也沒料到當初決定把摩天輪蓋在主題樂園六百公尺外的做法，除了行銷宣傳上的考量，讓摩天輪能夠被更多的人看見之外，還幫義大世界主題樂園在迎接第一個農曆年假的高峰時，平息了一場意料之外的危機，現在想一想，真的是摩天輪救了義大世界，免去了一場災難。

花錢買鬼來嚇自己

打造全台第一個有鬼屋的主題樂園！客人不但買單，還很開心的被嚇？

規劃主題樂園的時候，我發現全台灣的主題樂園從來就沒有推出過「鬼屋」這項遊樂設施，深究原因之後知道一方面是因為忌諱，覺得不吉利，另一方面則是因為遊客去鬼屋玩，常常被嚇得東奔西跑，驚慌之中很容易跌倒受傷，處理不好的話，很容易引起爭議，所以台灣的主題樂園幾十年來都沒有人蓋鬼屋。

不過，我卻提議要在義大世界主題樂園裡面蓋「鬼屋」，推出之後受到遊客的歡迎，現在台灣其他的主題樂園也有人跟進，推出了「鬼屋」這項遊樂設施。

最早在提出要在樂園內蓋「鬼屋」設施的時候，我就知道，又有一場硬仗要打了。

文化、企業形象、地理位置的相關考量

義大世界的所在地在高雄的觀音山，本來就是高雄靈骨塔比較多的地方，義大世界既然已經蓋在山上，實在沒必要再去碰觸這個禁忌的話題；再加上「鬼屋」這種怪力亂神，譁眾取寵的遊樂設施，對於性質上比較保守踏實的鋼鐵集團而言，實在不符合義聯集團的企業風格。

除了義大本身的企業形象和地理位置等考量外，很多人也認為做主題樂園是要營造一個讓大家感到歡樂的地方，既然來到樂園是要尋開心的，實在不好做什麼鬼屋來嚇人嚇己。這也是台灣所有主題樂園過去從來沒有推出「鬼屋」的原因之一，因為對很多人來說，「鬼屋」是一個不太吉利的象徵。

除了象徵意義上的不適合，主題樂園拒絕蓋鬼屋，還有一些很實際的理由。遊客去到「鬼屋」，在驚嚇的過程中，很容易跌倒受傷，有些膽子特別大的遊客，卻會反其道而行的破壞鬼屋的設備，甚至對於在鬼屋中的

工作人員施以肢體暴力，所以在「鬼屋」的工作人員也有比較高的風險。

如果這些問題是主題樂園不該推出「鬼屋」的理由，那麼，有沒有其他的解決辦法？就像我每次遇到問題的時候，總是會自問why not？這次也是一樣，對於這些林林總總拒絕蓋鬼屋的理由，我仔細一一想過之後，認為「鬼屋」並非絕對不可行。

「鬼」預防在先的成功機制

首先，就是實際上可能遭遇的問題，包括如何讓客人不受傷，讓設備不要被破壞，讓在鬼屋工作的工作人員不會有危險；這些可能發生的問題，其實有很多做法可以事先預防。

有一年我去中國，在高速公路上看到一個標語，內容寫著該高速公路的每月死亡率要降低百分之八十，根據原本每月死亡人數換算下來之後，得出每個月該高速公路的死亡人數不得超過六人。

起初看到這個標語時，我的第一個念頭是：「天啊！共產黨也太厲害了，竟然連一個月可以死幾個人都能控制得了！」帶著這個疑惑，後來有機會問到當地的官員，才知道他們是怎麼做到的。

官員告訴我降低死亡率的兩個方法，第一個方法是在高速公路上容易起霧的地方做警告燈，加強照明；在轉彎的危險處，加強指標；在容易超速的地方，加強取締。總之就是在容易肇事的地方，加強宣導，藉此減少車禍的發生，自然能讓高速公路的死亡率下降。

第二個方法，是一旦高速公路發生車禍，民眾受傷時，務必全力急救，由於車禍當事人在車禍發生三個小時內死亡的話，才能算是因車禍喪生，所以車禍受傷的民眾只要不在車禍發生的三個小時內死亡，就不算是車禍死亡，會被歸為併發症死亡。

所以一旦出現車禍重傷的病患，無論如何都要大力搶救，像是施打強心針，或是不斷電擊，就算人救不回來，也要盡可能維持其生命超過三小時，這樣就算最後還是死了，也不計入車禍死亡人數。

第二個降低死亡率的做法當然很可議，但是第一個減少車禍的方式，就提供了我決定蓋「鬼屋」時，想到如何預防遊客及工作人員受傷，避免設備遭到破壞的做法。

遊客來到義大世界，在進入鬼屋之前，工作人員會在現場拿著麥克風不斷地提醒大家，為了讓大家在進入鬼屋後能夠好好體驗鬼屋的刺激和樂趣，我們會做幾個效果，會有一些道具，請遊客不要去破壞。

除了口頭宣導，另一個更積極的做法，就是讓客人不要太靠近那些道具，例如在特殊道具前加裝柵欄，避免和客人直接接觸，當然難免會有一些客人不理會提醒，直接跨越柵欄，除了現場人員會予以勸導外，鬼屋內也會架設監視器，由中控室派專人監控，所以在容易有人跨越的地方，監視器一旦看到有人犯規，就會立刻發出聲音，提醒遊客不要跨過柵欄，表明這是一個犯法的行為。

再者，工作人員扮鬼出來和遊客互動時，遊客會有幾個反應，一是反擊，二是逃跑，這時監視器仍然持續觀看中，當遊客出現要攻擊工作人員假扮成的鬼怪時，監視器會馬上發出提醒。同時，我們也設計了很多暗門，讓工作人員可以隨時巧妙地閃避，並且在很多不同的地方突然出現。

對於客人受到驚嚇，慌張時容易跌倒受傷，我們在可能容易撞到的地方，做了很多保護，如果往前衝可能跌倒，那就在前方做軟墊，在容易撞到的地方就做撞墊，設立指示燈，讓遊客在驚慌起跑的時候，很容易就留意到燈號。

有爭議也能有效創造話題性

我之所以認為「鬼屋」雖然很有爭議，卻值得克服種種問題，推出這項遊樂設施的原因在於，正因為爭議性高，義大世界主題樂園一旦推出「鬼屋」，必然能夠增加話題性；再者，過去三十年來主題樂園的前輩沒有人去蓋鬼屋，一旦義大世界成為第一個推出「鬼屋」的主題樂園，我們便創造了跟其他主題樂園的差異性；再加上，雖然全家人來到樂園都希望玩得很歡樂，但是能夠去體驗日常生活中沒有的經驗，包括「快樂的驚嚇」，其實也是一件很有吸引力的好玩的事。

義大世界主題樂園的遊客受傷率目標必須控制在萬分之三以下，也就是每一萬人次受傷人數不能超過三人，工作人員每天重複執行安全控制的工作，做了半年、一年後，就會愈來愈熟練，知道客人在什麼地方容易受傷，大家找出來之後，就會想辦法預做保護措施，如果無法事先做到保護措施，就會在開始遊戲之前，口頭提醒遊客，幾年執行下來，目前義大世界主題樂園的受傷率已低達到萬分之零點八的水準。

對於那些看起來不可行，或是從來沒有人做過的事，可能因為不同的時機、不同的環境，以及不同的執行者和執行方式，而會出現不同的答案，如果只是因為大家都這麼做，我們就毫不考慮地全盤接受，也跟著大家這麼做，那麼就限制了創新的可能，也失去了解決問題的機會。

國內已經開業二十五年的同業，在義大世界主題樂園成功推出鬼屋之後，也跟著推出，足見這是一個有市場吸引力的遊樂設施。而義大世界因為勇於推陳出新，不拘泥於既有的限制，才能成為全台第一個推出鬼屋的遊樂園，成為一大賣點。

新手上任，竟敢預言業績將成長百分之四十?!

在創新中走出一條自己的路，便能「大破大立」！

義大世界營運初期，我曾經做了一件瘋狂的事。那幾乎是一場豪賭，因為如果賭輸了，賠上的不只是義大世界千辛萬苦才打造出來的全台第一個國際精品Outlet Mall，還有「楊濟華」這個名字在百貨業界的名聲；但是如果賭贏了，賺到的不單單只是一季的營業額，甚至連未來的營業額都會一起賺進來，更重要的是，義大世界將搶回Outlet Mall與品牌商之間的招商條件發言權與主導權。

克服了招商的困難後，義大世界購物廣場好不容易打造出全亞洲最大的國際精品Outlet Mall，是台灣第一個，也是唯一一個國際精品的Outlet

Mall，但是開幕一年多，生意卻遠遠不如預期。

提前中止合約

第一年營業額四十億的目標，竟然只做到七成，開幕以來我們委外負責購物中心經營管理的公司，卻沒有對明年答應的目標營收有把握，因此我決定提前中止合約，把義大世界購物廣場收回來自己經營。

因為提早中止合約的緣故，雙方的合作結束得並不愉快。當時的時空背景對義大世界很不利，外界認為楊濟華狂妄又不講義氣，是個麻煩製造者。

這些國際精品在義大世界購物中心開店裝潢，投資了一大筆錢，如果任由楊濟華亂搞的話，大家肯定都會被連累。

那時候的我可以說是百貨界最黑的一個黑名單，但為了義大世界購物中心，我必須在最短的時間內洗清這個污名，除了要搶回發言權，還必須盡快改善和品牌之間的關係。

中秋節禮盒中的訊息

和前一個公司解約之後，剛好沒多久就是中秋節，於是我訂了上百盒市價將近三千元的月餅禮盒，寄送給在義大購物中心設點的所有精品品牌廠商。逢年過節從來只有廠商送禮給百貨公司的老闆，但我卻反其道而行，破天荒地送禮給各個品牌，當時我的同事很不解，收到禮盒的廠商也嚇了一跳。

所有寄出的禮盒中，都附上一封有我親筆署名的信，我在信中告訴合作廠商，十二月的時候義大世界購物廣場要做週年慶，我們的業績目標是要成長百分之四十，請廠商把貨和人都先準備好。

很快地，這封信就引起百貨業界的騷動，而引起這場騷動的原因，無非是各個品牌對我誇下海口，說要在週年慶成長百分之四十這件事，感到嗤之以鼻。當時景氣並不好，全台灣的百貨業要成長百分之四都很困難，我信中竟敢囂張地說「義大世界要成長百分之四十」，所以大家都等著看好戲。

這場好戲並沒有讓觀眾等太久，一個多月後義大世界購物廣場週年慶開始，結果營業額成長百分之六十八，比我預期的還要成長更多。

很多人做事都會按照經驗，之前的人怎麼做？這個業界的行規如何？通常都不太會破例。但我一向不把前例放在心上，即使被業界罵，即使可能得罪別人，為了達成目標也在所不惜。成功常常是在創新中產生，如果只是模仿別人，循著別人的路走，很難有非常出色的成績，所謂「大破大立」我想就是這個道理吧。

半夜莫名其妙大塞車的義大二路

挖掘消費者真實的想法和喜好，依照市調結果來規劃出奇致勝的行銷策略！

我還記得週年慶的第四天晚上，義大二路突然大塞車。警衛搞不懂半夜義大二路怎麼會大塞車，後來才知道原來是週年慶前三天生意太好，店家現場的貨都被搶購一空！原本抱著看好戲的廠商，都不相信我說營業額會成長百分之四十的話，直到店裡的貨在週年慶三天內被一掃而空，店員緊急向總部催貨，第四天全台灣的品牌總經理才急著四處調貨，擔心隔天開門做生意，店裡會出現無貨可賣的窘境。

由於大卡車送貨要進到後場，只能利用義大世界晚上十點打烊後的時間，平均一台車卸貨需要一、二十分鐘，當晚義大二路上就這麼一直進貨進到凌晨兩、三點才消化完畢。

事件過後，很多人都問我，究竟是怎麼讓週年慶的業績做到成長百分之六十八這樣驚人的成績，對當時的百貨業來說，這完全是一個不可能的任務。

我常常到中部和北部演講，我自己本身也是北部人，過程中我發現中北部的人都認為義大世界只是個遊樂園，完全不知道義大世界有全亞洲最大，台灣唯一的國際精品Outlet Mall。

其中，Outlet Mall的訴求對象——白領階級中，竟然有將近九成的人不知道義大世界有Outlet Mall。這個訊息讓我看到義大的Outlet Mall還有很大的潛在市場等著被開發，之前合作的公司並沒有打開義大Outlet Mall中北部市場的知名度，所以當時年營業額只有二十幾億，因此留了很大的成長空間給我。

以市調挖掘消費者的真實想法

我曾經花了很大的代價學廣告行銷，了解什麼樣的廣告會得到市場認可。如果我沒有把握，我就找人來做市調，透過焦點訪談，從中挖掘出消費者真實的想法，然後忠實地依照市調結果規劃行銷策略。

市調結果得知台灣人的購物習慣是屬於衝動購物型，很多人喜歡在週年慶撿好康，所以百貨公司週年慶是台灣特有的生態。

在全台的百貨業之中，百貨週年慶往往就占了百分之三十五的年營業額，主要銷售商品集中在化妝品和保養品等生活用品，但Outlet Mall沒有太多保養品和化妝品，加上三百六十五天都有優惠，所以每次百貨公司週年慶，義大世界都只能眼睜睜看著其他同業搶食百分之三十五的年營業額商機。

全世界的Outlet Mall沒有一家在做週年慶，但我決定要讓義大世界成為全世界唯一一個做週年慶的Outlet Mall。

前一年義大購物廣場雖然也有所謂的週年慶活動，但就是內部送點東西，只有一小波平面宣傳，不像這次義大Outlet Mall的週年慶活動，讓許多幾乎不參加百貨週年慶活動的國際精品，都加入義大Outlet Mall週年慶的行列，同時把義大皇家劇場表演、義大遊樂世界門票、皇冠飯店抵用券等義大獨家商品當成滿額禮，邀請我們的ＶＩＰ回籠消費。

此外，過去義大Outlet Mall沒有做過電視廣告，這回我極力跟老闆爭取一筆不小的廣告費用。我跟老闆掛保證，這波廣告一出，只要把人潮帶到義大，一旦消費者食髓知味，以後他們就會自己再回頭消費，就算今天投入的廣告費和營業額相抵只能勉強打平，但是未來這些回頭客帶來的利潤，就是我們現在要開發的重點。

更重要的是，如果這次的週年慶活動真的成長百分之四十，那麼各個合作的品牌以後就會聽我們的，對公司長久經營來說，這是一件多麼重要的事。一經解釋，老闆馬上拍板核准了廣告費用。

調整後品牌再出發

最初收回Outlet Mall，我就進行內裝整修，把識別系統不清楚的、服務不佳的、動線不理想的全面一一調整，待行銷廣告策略定案後，我把月餅禮盒和信件寄發給各個品牌，那時就有信心，義大世界Outlet Mall週年慶業績可以成長百分之四十。

那一波廣告的slogan是「Outlet也有週年慶」，當我告訴消費者Outlet Mall已經很便宜了，不過下個月還要辦Outlet Mall的週年慶，一年當中最便宜的就是下個月，對於那些想搶便宜的消費者而言，有著極大的誘因，結果也證明我的策略奏效，義大Outlet Mall週年慶不但讓營業額成長了百分之六十八，我們也成功搶回發言權和主導權。

這場豪賭我之所以能贏，靠的並不是運氣，而是扎扎實實的市調數據、出奇致勝的行銷策略，以及強烈想扭轉劣勢的旺盛企圖心。

再度預言成長百分之四十，專家跌破眼鏡

打造正確策略行銷，和品牌間建立互信與合作默契，才能創造兩方的雙贏局面！

當義大世界Outlet Mall在週年慶中揮出全壘打，讓所有品牌跌破眼鏡時，我再度祭出強棒，沒等大家研究出我究竟是怎麼辦到，還來不及全然理解我的成功策略是什麼的時候，我又再發出第二封信給購物中心全部的精品品牌廠商。

十二月週年慶之後，再沒多久就要過農曆新年了，第二封寫給廠商的信，我一方面感謝大家在週年慶期間對義大世界的支持與合作，另一方面，我再度請託各家廠商把貨備好，因為義大世界農曆年的業績預期還會再成長百分之四十。

不出意料，第二封信又引起業界一片譁然。對於我再度發出豪語，農

曆年還要再成長百分之四十的目標，大家都認為我根本是在胡言亂語。

對於義大世界十二月的週年慶之所以能夠做到營業額成長百分之六十八的目標，業界的分析認為是因為當時全台灣的百貨週年慶都已經結束，義大世界是最後一個，也是唯一一個Outlet在做週年慶的購物中心，所以可以吸引到想搶週年慶便宜的消費者，但是農曆年假可是全國同步休假，所有的百貨公司購物商場折扣優惠都差不多，義大世界已經沒有什麼獨家的優勢，我卻又喊出再成長百分之四十的目標，簡直是匪夷所思，痴人說夢。

預期商機有如算命

不過，我並不是無的放矢，農曆年間義大世界購物廣場再度擊出全壘打，這次就像事先說好的一樣，義大世界Outlet Mall真的就是成長百分之四十，跌破一堆專家的眼鏡。事後很多人都問我究竟是怎麼做到的，怎麼能估算得那麼準，說農曆年假期間要成長百分之四十，就真的成長百分之四十，甚至還有人開玩笑問我是不是會算命。

事實上，透過市調我們發現中北部有百分之九十以上的消費者不知道義大世界有國際精品Outlet Mall，所以第一波廣告策劃了兩個slogan，一個是「Outlet也有週年慶」，另外一個則是「坐高鐵來也划算」。

十二月舉辦週年慶的時候，我天天在現場督軍，並且持續地做市調。我發現義大世界購物廣場十二月週年慶的時候，因為沒有遇上連續假期，所以利用週休二日來到義大世界的客人，還是以南部的民眾居多，而中北部民眾約只占了三到四成。

台北是一個移民城市，有六、七成的居民不是道地台北人，而是中南部上來的移民人口，這些人會在農曆年回到中南部過年，所以我在過年前又發動第二波廣告宣傳，主打「坐高鐵來也划算」，同時輔以「過年促銷專案」。

農曆年的廣告效應

當我們推出第一波的廣告時，有百分之六十的目標族群都是在北部工作的人，在那當下並沒有空南下來到義大世界。因此，當我們再下第二波廣告時，我估計中部、北部的客人會等到農曆年連續假期，過年返鄉回娘家的時候，再到義大世界Outlet Mall購物。

據此推估，在農曆年假期間，可能到義大世界的來客量，換算出營業額之後，再去對比預估的營業額和前一年實際銷售營業額的數字，結果得到了百分之四十的成長率，因此我才會估計農曆年會有百分之四十的營業額成長。

對於義大設立在農曆年營業額要再成長百分之四十的目標，雖然品牌廠商不認同，但是因為十二月週年慶的確做出成長百分之六十八的業績，廠商實際享受到業績大幅成長的好處，因此即使對我的話抱持懷疑，但是廠商還是乖乖把貨備齊，早早就進好了商品，這次就沒有出現義大二路半夜塞滿大卡車的情形了。

這些年景氣不好，百貨公司業績多數呈現衰退，經濟低迷，百貨公司的業績能夠打平就算不錯了，大家頂多把業績目標訂在成長百分之二至百分之三的範圍，沒人會把目標訂到成長百分之十以上，甚至是百分之四十的數字。

當然，我們也知道景氣不佳的事實，但是在不景氣的時候，消費者的購買力減低，對商品價格變得敏感的時候，一向以價格優勢見長的Outlet，反而更有機會。

因為大家還是有購物的需求和欲望，這時候質優價廉的國際精品Outlet反而一枝獨秀，成為消費者購物的首選。也因此，台灣目前一般百貨公司的年營業額大概都是十來億，不過義大世界購物廣場已經做到一年五十幾億營業額。

只是，想要邀請握有很大的籌碼、對百貨業者的經營影響很大的那些國際一級精品進駐，並不是那麼簡單，往往得要提出很多優沃的條件。

沒有人看好，也要用專業判斷、達成目標

當初台灣最高的購物中心招商的時候，有兩個品牌簽約時，得到承諾五年內不收租金的優惠，有一個品牌則是獲得三年內不收租金的合約；南部最大的購物中心開幕的時候，有兩個品牌進駐的條件除了五年不收租金外，還提供六千萬元供這兩家品牌裝潢店面。但是義大世界購物廣場從開幕的第一天至今，沒有一個品牌一天沒收租。

在沒有經營義大世界購物廣場之前，我從來沒有經驗，因此對於台灣傳統百貨業在經營上很多的行規和默契，我算是所知有限，涉入不深，也因此初期碰了不少釘子，但是這些挫敗，都沒有讓我退縮，反而讓我的想法不會被框架受限，幫助我走出一條自己的路。

就像台灣百貨業和各個品牌之間的互動，一向比較重視公關，但我重視的是策略行銷，因此義大世界吸引品牌進駐購物中心，和品牌間建立互信與合作默契，最後還是回歸到實際的銷售成績，對我來說，這樣的過程和結果，才是可長可久，真正雙贏的局面。

當初要發信給各個廠商的時候，我並不是不知道會招來多少質疑的聲浪和看笑話的眼光，但那都不是我需要在乎的事情，我看重的是怎麼樣才能夠對公司最好，怎麼做才能夠達到目標，即使一開始沒有人看好我們，但是我依然用我的專業去作判斷。

chapter 7

起死回生的實例分享

中華職棒史上最貴球員——曼尼，零元！

把握時機建立曼尼效應，打造了義大的品牌形象，也為台灣做了成功的國際行銷！

在我操作成功的許多行銷案例中，最讓人印象深刻的，除了Outlet週年慶，另外就是義大職業棒球隊。

二〇一二年年底中華職棒興農牛隊突然宣布要找人接手，如果在農曆年後還沒有找到願意承接的新東家，就要把球隊解散。

這個消息讓教育部、體委會、中華職棒、全國棒協、緯來電視台等官方及民間機構相關單位產生很大的壓力，萬一興農牛真的找不到人承接而被迫解散，中華職棒就只剩下三個球隊，如此一來無異是判了中華職棒死刑，所以各個單位都急著要找到能夠接手的企業，而近年來在休閒產業表現亮眼的義聯集團，就成為重點徵詢的對象。

成立中華職棒義大犀牛隊

棒球是台灣的國球，如果中華職棒無力經營，被迫解散，對台灣棒球的影響絕對不只是少了一隊職業棒球隊而已，打棒球的孩子看不到未來，父母可能因此阻止孩子參與棒球活動，包括台灣的少棒、青少棒、青棒及業餘成棒等各級棒球的扎根教育與全國民眾的投入意願，都會受到很大的衝擊，連帶也會影響台灣的體育發展。

當時義聯集團接到來自各界的徵詢電話，希望義聯集團能夠承接經營興農牛棒球隊，幾度溝通之後，林董事長也願意為了台灣的國球盡一己之力，因此同意接下興農牛，成立中華職棒義大犀牛隊。

確定成立義大犀牛隊是一月的事，當時得知三月份球隊就要開打，我們從接到命令到球員正式穿上義大犀牛的制服拍照，還不到兩個月。

林董事長買下興農牛成立義大犀牛之後，第一個任務就是要好好提升球隊的實力。由於興農牛在後期採取所謂的「全本土政策」，即完全不聘用任何外籍球員，藉以節省成本，所以興農牛在賣給義大之前，是當時中華職棒四支球隊中實力最差的一隊，其他三隊都戲稱和興農牛打球是在

「進補」，大家都知道和興農牛對戰，就是用來補強成績的好時機。

多明尼加球員曼尼加入中華職棒

要在短時間內把一支表現得很差的球隊提升上來，除了增加實力之外，士氣也很重要，我們認為一定要找到指標性的球星加入義大犀牛，如此既能強化球隊的實力，對於所有球員也有鼓舞的作用。因此，我們研究了很久，也請教相關的專家，後來鎖定曾經有過輝煌紀錄，本身也極具明星特質的多明尼加球員曼尼．拉米瑞茲。

雖然當時曼尼已經不像過去表現那麼亮眼，但是包括日本、韓國的職棒也都積極向他招手，希望曼尼能加入他們的職棒。義大犀牛所開出的薪資條件其實是比不上日、韓的職業棒球隊，不過我們還是抱著一線希望，委託經紀公司積極爭取曼尼的青睞，結果剛好碰上曼尼想要度假休閒打球，加上身為多明尼加人的曼尼，也有不少同鄉的朋友曾經來台灣打球，對台灣的環境感到很友善，所以最後義大犀牛成功出線，順利邀請到曼尼來台，加入中華職棒。

義大犀牛加入中華職棒正式開賽前，正好碰上世界棒球經典賽在台灣比賽，當時中華隊的表現振奮了國人，所以全台灣都在瘋棒球，雖然後來我們的國家代表隊去日本參加比賽鎩羽而歸，不過台灣的棒球魂卻因此而燃燒。義大犀牛就在國家代表隊從日本回到台灣那一天，同步宣布美國大聯盟知名球員曼尼・拉米瑞茲將加入義大犀牛隊，來台灣打職棒。

中華職棒史上最貴球員，創造更高價值

曼尼是台灣有史以來身價最高的職棒球員，他在大聯盟最高的年薪紀錄是美金一千八百七十萬元，相當於台幣五億六千多萬元，相較起來，中華職棒史上最高薪的球員月薪是五十萬台幣，等於六百萬年薪，比起美國大聯盟，中華職棒的資源稀少的程度相去何止千里，但我們卻敢去爭取曼尼這樣的一級球星，而且還真的說動了曼尼，讓他決定來台灣打棒球。

原本談妥的月薪是每個月七十五萬台幣，同時附加逃脫條款，允許曼尼隨時中止合約離開球隊。不過曼尼來台後發現自己在台灣有超高的人氣，於是向球團要求加薪，所以最後付給曼尼的薪水是每個月一百五十萬

台幣，我們還讓曼尼住在皇冠飯店的總裁套房，並且提供專屬的保鏢、秘書和司機。

儘管如此，雖然邀請曼尼來台花了不少錢，但是，精算之後，我們得出的結論是：中華職棒史上最貴球員，零元。

中華職棒史上最貴球員，創造更高價值

曼尼在台灣總共打了三個月的棒球，卻引起很大的曼尼效應，期間中華職棒轉播的收視率和球場來客數比起前幾年大幅成長，再創中職開賽二十六年之後的新高潮，同時義大犀牛在加入職棒第一年的上半年，就打出第一名的成績，更別說為了台灣做了一次成功的國際行銷。

曼尼在台灣打球期間，義大曾經發行三次的曼尼紀念商品，三項商品各限量販售一千兩百件，三次都是秒殺，每次一開放上網預購或開賣，立刻就被搶光。

第一波的紀念商品，是義大犀牛的吉祥物「義大娃娃」，戴上曼尼招牌辮子頭造型做成的十四吋「曼尼戰鬥布偶」，每隻售價九百九十九元。

第二波商品，是曼尼在台灣轟出第一支全壘打，剛好也是中華職棒第七千支全壘打，因此特別推出「曼尼首轟暨CPBL第七千轟紀念T恤」，預購價每件八百九十九元。第三項紀念商品，則是「曼尼生日紀念公仔」，在曼尼生日前推出，每組一千二百元。所有三波的商品都是一上網就被搶購一空。

扣除曼尼在台期間的實際開銷成本，計算邀請曼尼來台產生的各種效益，換算成具體的金額之後，義大實際付出的成本是零元，而且還賺到很多媒體曝光機會，塑造義大的品牌形象和廣告效益，同時拉抬多年低迷的中華職棒收視率及票房。

從開發轉做管理，「自己生的孩子要自己養」！

迎接挑戰、跳出圈圈，不為自己設限就能開發出自己隱藏的能力！

義大世界落成後，第一年就決定把皇冠飯店加盟給IHG國際飯店集團經營，另一個天悅飯店則因為以接團體客為主要業務，所以相對單純許多；至於購物中心最早則委託給專業公司經營，當時只有主題樂園無法找到專業委託管理公司，林董事長跟我說孩子是我生的，所以就要我自己去養，我只好乖乖接下主題樂園管理的工作。

我一直做的都是開發性質的工作，幾乎沒有做過經營管理的工作。開發的任務只要幾個核心幹部通力合作，往往就能夠創造出不錯的成果和業績，就好像當初開發主題樂園時，就去了解遊客喜歡什麼，然後我們就做什麼。如果覺得還不夠了解，就去做市調，去做同行競爭分析，只是萬萬沒想到主題樂園完工後，老闆竟然要我接下樂園管理的擔子，我只好硬著頭皮邊做邊學。

挑戰全新的領域，以經驗拓展

從開發轉到管理的工作對我來說已經是一個全新的領域，再加上主題樂園有一千多個員工，二十幾家餐廳，而且這些餐廳涵蓋了中餐、西餐、速食、咖啡店及美食吧等不同種類的餐飲項目，還有二十幾家商店，販售超過八千種由我們自行開發的商品，加上四十七項遊樂設施的營運維修，光是各種標準營運流程（Standard Operating Procedure，SOP），就已經密密麻麻不知道有多少頁，再加上技術、工程、行銷、企劃、業務、行政等各個部門單位的日常運作與管理，主題樂園絕對是我至今經營過最複雜的事業體，幸好我過去有開民歌餐廳和運動精品店的經驗，在進行樂園管理的時候統統派上用場。

我原本想從外面找人進來協助管理主題樂園，但後來發現根本就應徵不到能做樂園管理的人才，一個人如果真的能夠對樂園這麼複雜多樣的餐廳和商店都很熟悉，並且可以管理好上千名員工，那就乾脆自己開公司開店去了，何必要進到企業組織內，一個月領幾萬塊的薪水。所以最後還是我自己跳下來做，從店頭的裝潢擺設、商品開發、行銷企劃、活動執行、行政庶務到人事管理，大大小小的事情我都親力親為，總算慢慢地把主題樂園做起來。

接下義大主題樂園之後，我花了很多心思在管理樂園的一千多名員工。我思考如何帶領員工，讓員工既能夠做好各自分內的工作，又能在工作中感到快樂與成就感，對我而言，這是一件很有挑戰性的任務。

每個人都有擅長和不擅長的事情，或是喜歡或不喜歡的事情，但我更覺得其實人都有無限潛力。管理主題樂園這件事讓我發現，還是不要為自己設限，試著去做一些你原本排斥或不擅長的事情，有時候反而會開發出自己被隱藏的能力。

木頭人化身小天使

有快樂的員工，就有滿意的客人！樂園人事考核，竟然讓下屬決定上屬的績效？

為了創造義大主題樂園的感動服務文化，我花了很大的心思創造出一套考核制度，這套制度實施了兩年之後成效卓著，後來我也把這套制度應用到義大購物中心。這套專屬的考核制度，有一個核心理念：「沒有快樂的員工，就沒有滿意的客人。」首先要讓員工在工作中覺得快樂，才能提供好的服務，讓來到義大世界的客人覺得快樂。

樂園的一千多名員工中，有百分之六十五是兼職人員，怎麼讓兼職人員也能對工作產生熱情，真的花了我很多的時間才慢慢找出方法。幸好人性是相通的，人的思維也是相通的，行銷和管理上其實最後的道理和原則都是相通的。我從中慢慢摸索出一套符合台灣在地及本土企業文化的管理制度，雖然過程中的挫敗與嘗試，也不斷在磨練我的修養，但是能夠在工作中學習成長，對我而言一直是很大的樂趣。

高顧客滿意度、高員工滿意度背後的秘密

義大遊樂世界已經連續三年獲得全台灣六個主題樂園服務滿意度第一名，除了客人的滿意度最高，員工的工作滿意度也很高，義大遊樂的員工離職率是同業中最低的，這些員工甚至包括工讀生和兼職人員。在義大世界你看不到垃圾，每天幾萬人進進出出，但是地上看不到任何垃圾，員工總是親切地跟你打招呼，跟你互動跟你玩，他們也許薪資不高，卻依然對工作抱持著熱情。

南部的小孩有很多人都是膽怯羞澀又木訥寡言的木頭族，常常看著陌生人都不敢講話不會笑，一開始甚至連看都不敢看你。要把一千多個不善於與人互動的木頭族小孩，帶到能夠神態自若的成為從事服務業的小天使，是一件很不容易的事，很多人問我究竟是怎麼做到的？

一開始，是對員工進行感動服務的心理教育，要讓員工對客人產生同

理心，意識到今天客人從全台灣北中南各地來到義大世界，很可能是全家人計畫了兩、三個月好不容易才終於能夠成行，光是交通、飯店食宿，到主題樂園票券等各種消費加起來，動輒就要好幾萬元，所以客人會對我們充滿期待，希望能夠有一個很美好的回憶。設身處地來設想，如果今天換成我們是客人，也一定希望被好好服務。

成就感的員工帶來對服務滿意的客人

最早的時候，我在公司推動不跨越垃圾的運動，所有義大員工，只要穿著義大制服就不可以跨過垃圾，看到垃圾一定要撿起來才能走過去，高階主管務必以身作則，進園區巡查時也一樣。一個星期後調閱監視錄影帶，做到的人表揚給獎品記嘉獎，初期宣導時沒有做到的話，則予以口頭輔導。

除了引起同仁的同理心，也要求主管帶頭做，另外一個關鍵的策略，則是我將人事考核的權力從主管手中移交給員工，我設計出一套「電腦揀的」考績法，公司所有主管都不能打員工的考績，藉此杜絕派系、小團體。自此員工不必巴結主管，也沒有所謂誰是當紅炸子雞或是黑五類，每個人的考核與升遷，都決定在自己的手上。而主管的考績反過來是員工送給他的，為了公平、透明及永續的文化價值，我創建了「感動KPI」。

我在總經理室、企劃部及管理部中各協調出一個單位，這三個單位在不同時間交叉進行秘密客調查，秘密客是不定期邀請外面的學生扮成遊客，穿戴著配有攝影機的眼鏡、錄音筆，以及可錄影的手錶等配備，看看哪個員工知道主管在現場時，就對客人面帶笑容，等到主管一離開，就表情木訥或擺出臭臉。

秘密客評鑑之後，定期公布成績，成績不佳者，可以來跟我們申訴，申訴時就調錄影錄音的資料做為證據，以示公平。

我們把現場的工作人員分組，每組七到八個人，只要一個人得到優，就全組都是優，如果一個人成績很差，就全組成績都很差，藉以創造同舟共濟的榮譽感。通常每組成員中，只會有兩個正職，其他都是兼職工讀生，但是正職的組長和組員，就是要負責把工讀生帶好，因為客人是不會管服務人員是正職或兼職，理所當然地認為我們應該要提供最好的服務。所以一組七人表現的成績，就是大家的成績，當然也是組長的成績，組長的任務就是讓大家快樂起來去執行感動服務。

一個課長如果帶了四個組，四個組加起來的分數，就是課長的分數；一個處長帶了三個課，三位課長加起來的分數，就是處長的分數。

秘密客力求公平客觀，成績公布後沒問題就列入紀錄，讓所有人心服口服，今天表現好，整組都受惠，獎金也依照成績決定，一月到十二月加起來的分數就是年終考核的分數，年終獎金和升遷也都依照這個結果決定，同時做到獎金與考核成績成等比，如果A比B的考核分數高百分之三十，那麼A的獎金就比B要多出百分之三十。

為了怕只用秘密客調查不夠周延，我們的企劃部還會針對每個單位不同的工作內容與屬性，來了解客人對不同服務項目的滿意度。就客人對室內遊樂場人員的服務態度、對表演的滿意度、對各項餐飲的滿意度，以及對遊樂設施的滿意度等不同項目做出口民調，請遊客填寫問卷送小禮物。

此外，不同單位的性質會有不同指標的占比，例如商品部，就以營業額掛帥，因為紀念商品並非必需品，客人如果不爽就不會消費，所以業績就成為最重要的指標；至於餐飲雖然也有營業額，但是在主題樂園七、八個小時玩下來，必然會餓，會口渴，即使服務再差還是要消費，所以就不能只用營業額來決定考績，而是營業額占六成，服務滿意度占四成。至於沒有營收的表演單位，考績就是感動服務的分數扣掉經營成本。

重視基層，就有最貼心、聰明的感動服務

我們給員工足夠的權限，即使是最基層的工讀生，也能決定什麼時候要請客人喝可樂、送小禮物，代表公司做到讓客人滿意，不需要往上呈報，事後再填單就好。雖然有人擔心員工會私藏，但實施效果很好，員工覺得被尊重，有榮譽感，原本的擔心完全是多慮了。

人難免有惰性，所以需要定期和不定期提供新的刺激。我們每個月都有考核會議，考核會議是一個月最重要的一天，大家會為表現好的單位拍手鼓掌，但如果有組別連續兩個月表現都不好的話，組長可能就不適任。每一季我們有一個感動會議，如果員工得到客人來信感謝或讚揚，就會表揚員工，請當事人上台分享，員工的感動服務能讓整個單位都受益。

另外，我們為了鼓勵員工力行感動服務之餘，也要發揮創意，隨時應

變，還會舉辦「感動服務創意競賽」，讓員工集思廣益，因時因地制宜，打造最貼心，最聰明的感動服務。

「請問垃圾桶在哪裡？」客人問。

「在這裡！」工作人員面帶笑容伸出手接住客人手上的垃圾。

「那請問洗手間在哪裡？」客人又問。

「我正好也要去，一起走吧！」

這是之前義大世界主題樂園在舉辦「感動服務創意競賽」時，其中得獎的例子之一。

體察員工的辛苦，每年端午節和尾牙公司都舉辦大型晚會，每個單位自己彩排節目上台表演，公司還會剪接半年來大家工作的點點滴滴影片回顧，每次看影片時，氣氛總是很感人，對凝聚同仁的向心力很有幫助。端午晚會與尾牙時所有主管都是小輩，整個公司基層員工都瘋狂地放鬆、大玩特玩。

後來我們也把樂園的感動服務和考核制度落實到購物中心，雖然購物中心不像樂園那麼直接面對客戶，但如果樓管對店家的服務周到，店家就會對客人周到，雖然一開始購物中心的店家和樓管對我們的感動服務和考核制度有很多懷疑和反彈，但現在也慢慢接受，開始出現效益。

讓員工愛公司，就是最棒的品牌效益

今日的客人是過去努力的成果，明天的客人要靠今天的努力。員工離職率變低了，客人滿意度變高了，明天的市場就在這裡，公司的文化也因此創建，最重要的是，這套方法不但不增加公司的成本，還大大地提升了義大的品牌效益，讓員工愛義大，更而以服務為樂。

這套制度從開始推動至今已經執行幾年了，大家慢慢地都變得很熟練。其實制定一套制度很簡單，但是上有政策，下有對策，文化是團隊精神，感動服務最終還是要回歸到品牌價值和工作本身的樂趣，公司要以員工為榮，不斷讓員工在心理上和文化創建上看到公司的誠意和用心，才能真的建立一套全體同仁都真心認同且願意遵守的公司文化。

依集團制度，總經理可依自己的主觀或方法，行使分配每月與年終績效獎金百分之五十的權力，其他百分之五十依各主管所打的考績分數分配，但我創建的「感動ＫＰＩ」百分之百都由員工自己決定分數，公司只需透明公平地分配。

在義大世界，當主管的權力不大，很少人會巴結你，但你卻可能是年輕同仁心目中的偶像，這就叫「還政於民」、「上下一心」。

我沒在樂園工作過，因此我們主管都會告訴我：「以前我們樂園都是怎麼做……」但現在他們碰到我都說：「您真有種，傳統都被您顛覆了，您是個怪胎。」

義大一張訂單，讓倒閉公司的股價飆到六百八

面臨即將倒閉的小團隊，之際接獲義大一張訂單，股價高飆到六百八十二元！

打造義大世界主題樂園的過程中，我把一張五百萬美元的訂單給了一個新手團隊，沒想到這張訂單竟讓一家瀕臨倒閉的公司得以脫胎換骨，起死回生，在短短三年內一躍成為股價超過六百元的上櫃公司。

在開始規劃義大世界之前，我去了很多國家參訪見習，其中，為了參考其他國家的主題樂園，我特地去了一趟加州迪士尼樂園。在迪士尼樂園玩了一個名為「飛越加州」的遊樂設施，我覺得很棒。

「飛越加州」是一種透過虛擬實境的體驗式遊樂設施，遊客在大螢幕前就座，開始時吊臂就把人帶到半空中，遊客看著前方螢幕裡空拍的加州

著名景點，彷彿長了翅膀的小鳥一般在空中飛翔，瀏覽欣賞加州景觀，這個遊樂設施真的很有意思，我在想，義大世界有沒有機會也來做一個「飛越台灣」。

迪士尼的「飛越加州」讓人覺得彷彿在空中飛翔的做法，是用吊臂把人舉起來後，再往空中推出去，但因為迪士尼有申請專利，所以要在義大世界做「飛越台灣」，我就不能照抄，必須繞過迪士尼的專利，才不會有法律問題。

國外見習專業，發展為台灣格局

雖然機械設備對我而言是一個不熟悉的領域，不過因為曾經做過建築，我對機械的概念並不全然陌生，也能找到一些專業的人請教，於是我開始想想有沒有不同於迪士尼使用的吊臂方式，讓人也有飛翔的感覺，後來，果然被我想出一個可行的辦法。

我利用樓層高低的落差，規劃地下一層，地上兩層的三層樓空間，讓客人從一樓入口進入，往上或往下走一層樓後坐定，只要把座椅往前推，就可以往上或往下移動。如此一來，當座椅升到第二層和第三層的時候，遊客的腳就會懸空十二米到十五米，藉以感覺彷彿在空中飛翔，而呈半圓形的巨幅螢幕，讓觀眾被包覆其中，螢幕上播放著影片的同時，遊客就會好像飛在空中看著這些景觀，如此一來，我們也能做出類似「飛越加州」的效果。

有了想法之後，我開始找廠商來洽談執行製作的可能，「智崴資訊科技」是其中一個來提案爭取的團隊。智崴的董事長黃仲銘先生是長榮大學的教授，最早智崴和我們接觸時，是一家做手機APP只有二十幾個人的小公司，當時智崴的經營狀況並不好，虧損得很嚴重，甚至面臨要倒閉的危險。

當初黃董事長和歐陽總經理帶著團隊來拜訪義大世界時，我也是第一次知道這家公司，事實上，當時智崴並沒有做過虛擬實境體驗式遊樂設施的經驗，我甚至有點懷疑他們是不是有能力處理實體遊樂設施中的油壓及控制系統，但是過程中智崴團隊的樸實和誠懇，讓我留下很深刻的印象。

由於「飛越台灣」整體設施除了電影虛擬實境的製作之外，還需要整合油壓及控制系統等硬體設施，這對當時的智崴來說，其實是一個全新的挑戰。我也沒想到第一次正式提案時，智崴就找來做油壓與控制相關的廠商一起參與簡報，向我們展現了強大的企圖心以及義無反顧的積極態度，讓我感受到智崴對這個案子全力以赴的熱情。更難得的是，做完第一次簡報之後，智崴完全沒有要求我們立刻跟他們簽約合作，只是向我爭取希望能有第二次簡報的機會，於是我同意了。

第二次簡報時，智威提供的結構圖、設計圖已經很專業，看得出來這個團隊有不錯的實力與資質，他們甚至還為了這個根本都還沒簽約的案子去做了一個實驗室，打造了一個半球形螢幕，可說是不計成本，一心只想要把案子做好。

看到智崴這樣的付出，我當然感受到他們的誠意，我雖然希望能把案子交給台灣的團隊來執行，但是這個案子價值五百萬美元，一旦搞砸，我也會很慘，所以我猶豫掙扎了很久，過程中我們也曾接觸過其他有經驗的國際知名團隊，不過智崴團隊在將近五個月中，來來回回的提案修改之後，我決定和這個團隊一起賭一把，雖然難免有一點擔心，還是把訂單給了智崴。

努力想做好一件事，是最美的事

台灣的企業需要轉型，但企業轉型的過程中需要有人支持，和智崴團隊五個多月的互動，我認為他們是一個可以被信任，也值得期待的團隊，我願意和他們一起承擔風險，把一個五百萬美元的案子，交給這個新手團隊，交給這個有潛力，但需要機會的團隊。

後來智崴果然不負所望，順利地完成「飛越台灣」的案子，經由這個成功案例，智崴得以絕地翻身，在完成「飛越台灣」的專案之後，智崴成功申請專利，將這套虛擬實境懸空式體感模擬遊樂設備賣到全世界。

接到義大世界「飛越台灣」的案子之後，三年內智崴資訊科技已經成功上櫃，成為台灣數位娛樂產業之光，在資策會的協助下，智崴取得土地擴大廠房，從原本幾十坪的辦公室，搬到高雄數位娛樂軟體園區內，現在擁有數千坪的廠房，員工也增加到上百人，至今已在全世界接了二十幾個案子，每個案子都高達五百萬美金以上，在台灣成功申請上櫃，股價甚至飆破六百元。

「飛越台灣」這項遊樂設施，除了讓一家瀕臨倒閉的公司起死回生，大獲成功，開啟了台灣數位娛樂媒體產業的新篇章外，還有另一件很有意義的事情。

為了「飛越台灣」的虛擬實境影片內容，我們找了空中攝影團隊去拍攝台灣的二十二個著名景點，這支片子完成後不久，台灣不幸發生莫拉克風災，全台七成以上的丘陵和生態地貌被嚴重破壞，因此當時完成的這部「飛越台灣」影片，為台灣的地貌景觀留下最後一支實景紀錄片。今天在義大世界「飛越台灣」設施中所播放的影片，就是這支片子。

當全力以赴，鬥志旺盛，不計一切地想要做好一件事的時候，一定會產生很大的力量，而這份力量真的可以感動很多人，得到很多的回饋，智崴就是一個活生生的例子。而對我來說，在投入工作的過程中，為了達成目標而努力的同時，還能夠為台灣做出貢獻，為這塊土地留下一些紀錄，真的是很美好的事。

墾丁魔幻咖啡七次風災所毀，卻成不朽地標

被政府拆除三次，還被颱風摧毀四次，仍堅持親手創造墾丁地標！

我是一個從不放棄的人，在工作和人生中，我一旦下了決定，就會堅持下去，直到達成目標為止。就算過程顛簸，困難重重，我也總是一心向前，從來沒有中途折返的念頭。因此，我也特別欣賞那些人生有夢想，並且願意堅持朝著夢想前進的人。這些年下來，我遇過不少有夢想也有熱情的人，但要能夠堅持熱情持續燃燒，並不因為中間受到挫折，或是被潑了冷水就讓熱情冷卻甚至熄滅的人，就少得多了。因此我每每看到這樣的人，總是會發自內心地欣賞與敬佩。

我很喜歡海，當年去泰國長住的時候，幾乎每個禮拜都要跑到海邊去，冬天就坐在海邊看海，夏天就把自己泡在海水裡，感受大海的寬闊和

自由。後來加入義聯集團去到高雄工作後，只要一有空，我就常常開一、兩個小時的車去墾丁看海，幾乎每一、兩個月就會去墾丁一次，而每次去墾丁，我一定會去造訪一家咖啡店，從十幾年前第一次去到現在，我至少去了那家咖啡店超過一百次。

胼手胝足建立的夢想

每次開車去墾丁，沿途開始可以看到海的時候，就會陸續在路邊看到很多用漂流木蓋成的露天咖啡館，其中，有一家叫做「魔幻咖啡」的店，是墾丁的第一家漂流木咖啡館。

「魔幻咖啡」整個咖啡館的內外環境，一磚一瓦都是咖啡館老闆自己找來很多廢棄物，重新整理後，親手製作而成的。而因為位置離海只有幾公尺，所以坐在「魔幻咖啡」往大海看去，天氣好的時候，視野好得不得了，看著海潮來回，讓我身心舒暢，整個人都放鬆了。

我對「魔幻咖啡」的喜愛，除了因為海景怡人，環境舒服之外，在我了解了「魔幻咖啡館」的故事和老闆的經歷之後，更是打從心底感到佩服，因此更加深了我對這家咖啡店的喜愛。

自成立以來，「魔幻咖啡」幾乎年年都會碰上颱風，經常一個颱風過後，整家店就被破壞殆盡，老闆親手打造的一切只能隨著風災付諸流水，必須全部從頭再來。因為天災難以抵抗，老闆也只能認了，但老闆並沒有被擊垮，等風災過了一陣子之後我再去到墾丁，一看到海，我總還是又看到「魔幻咖啡」重新以不同的樣貌出現。

說起來，颱風雖然可怕，但並不是最令人感到難以忍受的，大自然從來沒有針對性，各種風災地變並沒有帶著惡意而來，會包藏惡意針對特定個人製造麻煩的，往往是人。

「魔幻咖啡館」最初蓋在路邊連接海的沙灘上時，算是違章建築，因為沒有取得合法執照，卻常常吸引很多遊客，所以不時會有地方民代或是土豪劣紳去找麻煩，在軟硬兼施無效後，就會找政府單位來進行拆除，因此「魔幻咖啡」不是被颱風吹垮，就是被人為拆除的，前前後後一共超過七次。

我們很難想像，自己一點一滴胼手胝足建立起來的東西，被一場風災或是幾台怪手就拆個精光的心情，就算是別人打造、只是進駐使用的房子，我們恐怕也無法一再地承受被強烈破壞的打擊，何況這樣的過程重複了七次，但是這位老闆還是堅持理想，總是想辦法再把「魔幻咖啡館」蓋回來。

就這麼拆了又建，建了又拆，一共七次，如此還能一直堅持下來的人，真的少之又少。「魔幻咖啡」的老闆本身是一位素人藝術家，每當咖啡館被拆了之後，他就再自己一點一滴蓋回來，最近這一次終於合法申請通過了，現在的「魔幻咖啡館」面積比以前更大，變成全台灣極具特色的漂流木咖啡廳。

我真的非常敬佩這位素人藝術家老闆，能夠如此堅毅不拔，落實自己的人生理想，並沒有因為咖啡館一再被摧毀而放棄在海邊親手打造一間漂流木咖啡屋的夢想，如今總算成就了自己的事業，過著理想的生活，同時還交了很多好朋友。所以對我來說，現存的第八代「魔幻咖啡」是全台灣最好的海邊漂流木咖啡屋，如果有機會去墾丁玩，一定要去那裡坐坐。

充滿強大能量的瘋狂公務員

夢想的執著與對生命的熱情，就是創動世界發光發熱的重要動能！

除了「魔幻咖啡」的老闆外，還有另外一位朋友，也讓我看到她對工作有熱情，有堅持，並且讓一起共事的人都感染到她的熱情與毅力，願意共同來成就她的夢想。特別不容易的是，這位朋友是在類公家單位服務的半公務員，我們都叫她Cherry。

Cherry在資策會服務，主要的工作內容就是推動台灣發展數位娛樂媒體產業，特別是近年高雄重工業外移、產業空洞，急需新生命注入，讓這個產業可以在高雄深耕。義大世界因為要在主題樂園開發「飛越台灣」這項虛擬實境體驗式遊樂設施，而找來智崴資訊科技合作，進而幫助智崴資訊科技的營運起死回生，成為股價超過六百元的上櫃公司，因此，資策會也來拜訪過義大世界，希望義大世界能夠繼續支持數位娛樂媒體產業在高雄的發展。

熱情，讓我們堅持做對的事

有一次資策會南下來到義大世界做簡報，當天的主題是有關扶植台灣數位產業，協助台灣數位娛樂產業在台灣深耕，會議當天林義守董事長特別撥冗出席與會，但因後續還有其他會議，所以林董事長在會議開始沒多久，就準備先行離開。

沒想到當林董事長走出會議室時，Cherry突然起身衝到外面把林董事長擋了下來，這個動作讓我嚇了一跳，也趕快跟著衝出去，我聽到Cherry非常焦慮地對著林董事長說：「創辦人，不好意思，請您務必給我三分鐘，這個對台灣真的很重要！」Cherry的這個行為實在非常冒昧，絕不是一般公務員會做得出來的事，但是看到她的焦慮，又聽到她說對台灣很重要，於是林董事長就同意讓Cherry直接說明來意。

Cherry告訴林董事長，資策會想要扶植台灣的數位娛樂產業，今天智崴資訊科技的成功，都承蒙義大世界幫了很多忙，如果要讓這個產業能夠在高雄扎根，讓台灣的數位娛樂產業有機會發展，能夠和世界其他國家一較高下，真的很需要義聯集團的大力支持。

Cherry因為熱切希望台灣的數位娛樂產業真的能夠有所發展，為了得到林董事長本人的支持，而不顧一切地衝出去擋住林董事長，並沒有因為自己是公務人員，而凡事只聽從上級指示，她對工作的熱情和執著，以及對台灣發展數位娛樂產業的使命感，雖然一開始把大家嚇了一跳，但卻也讓所有人印象深刻，包括林董事長也都受到感動，當場裁示義大世界務必全力支持。

熱血，讓世界發光發熱的重要動能

當年製作李安導演電影《少年Pi的奇幻漂流》中那隻老虎的R＆H公司，後來美國總公司因為財務問題而倒閉，進而結束在高雄駁二特區的分公司業務。但在Cherry等人的積極爭取下，林董事長同意成立數位影像後製事業部，將當時在R＆H台灣分公司服務的人才留在台灣，今天的義大光禹視覺特效開發有限公司，就是在從事數位影像後製工作的公司，其中就有曾在R&H台灣分公司服務過的員工。

後來Cherry常常從台北南下來到高雄義大世界，也不時打電話跟我們討論相關計畫的進度，常常一講就是一、兩個小時，雖然有時候實在受不了要講那麼久的電話，不過想到她對工作的熱情和執著，我還是很高興台灣能有這樣的人，為了推動數位娛樂媒體產業的發展在努力著。

我見過最不像公務員的公務員，就是Cherry了，哪有公務人員半夜十二點還常催進度的。主動邀我們去美國、上海找技術合作，每週盯五次協調義大與高雄市政府，遇到困難就直接找工業局局長伉儷南下協調，在她以「國家興亡為己任」的堅持及努力下，終於促成全國「數位娛樂產業聯盟」落實在高雄，而我也深受感動義務擔任第一屆總召集人。

Cherry強烈的使命感，和魔幻咖啡老闆的不屈不撓，都讓我深感敬佩，從他們身上我彷彿也感染到那一份對夢想的執著與對生命的熱情，這些人正是這個世界能夠發光發熱的重要動能，希望我也能夠像他們一樣，一直保有那麼強大的能量，去感染身邊的所有人，讓這樣正面積極的能量可以一直擴散傳遞下去！

阿嬤說：要進廚房幹嘛讀到政大

趁年輕的時候去創業、嘗試，跳離舒適圈圈，得到世界級的競爭力，無價！

我從退伍出社會的時候就決定要自己出來創業，所以一直到工作超過十年，才在因緣際會下進入義聯集團，進入企業擔任專業經理人。當初自行創業的歷練和累積的經驗，對一個年輕人來說，實在是很寶貴的學習，所以我在我兒子Jerry很年輕的時候，就鼓勵讀企管的他，如果有機會，要趁年輕的時候去創業。

年輕的時候出來創業，雖然可能沒有太多的資金成本，但是卻有很多年輕才有的優勢，像是時間成本就比年長的人要低，因為年輕，所以沒有太大的時間壓力，也因為還年輕，可能還沒有成家立業，不必負擔家庭，不用養老婆小孩，所以可以放膽地去嘗試各種可能，就算失敗了，因為年輕的關係，經驗不足，大家都能夠理解，而且因為年輕，所以就算跌倒了，也都還有機會可以重新站起來。

趁年輕時要多嘗試、多見識

但是這些優勢，都是年輕才有的本錢，一旦上了年紀，就沒有那些優勢，所以我認為如果可以，一定要趁年輕的時候多嘗試，否則放棄這一段，無疑是浪費了人生中很難得的機會。我說過的話，Jerry都聽進去了，所以在大學畢業當完兵之後，就決定要自己創業。

Jerry讀大學的時候，有一次跟著學校去參訪知名的餐飲集團，回來跟我說他沒想過原來餐廳可以做到制式化、標準化，甚至是去廚師化，整個工作環境都非常乾淨明亮，就連廚房都不是印象中那種油膩髒亂的樣子，對Jerry來說，那次參訪真的讓他大開眼界。

Jerry在大學畢業前就想著要創業，當兵時有空就去舅舅開的餐飲店裡幫忙，過程中強化了他對餐飲服務業的興趣，所以現在也自行創業開店。雖然當初阿嬤聽到Jerry要自行創業賣吃的，就很心疼地跟Jerry說：「如果要進廚房，何必要讀到政大！」不過阿嬤不知道，今日的餐飲業早已不再只是勞力密集的工作，以往整天要耗在油膩的廚房中工作的所謂賣吃的行業，在帶入企業管理的知識與技術後，也可以很有效率地提供品質優良的食物和服務，來滿足消費者的味蕾。

Jerry在當兵時，就跟我討論過未來的出路。他雖然想創業，但他想在退伍後去中國闖一闖，去全世界目前發展最驚人、競爭最激烈的地方試試看，他問我的看法如何，而我告訴他，我百分之百贊成他趁著年輕去世界其他地方見識、歷練，只要不死，也不要搞到殘廢，那就等於最有效地得到世界級的競爭力。於是，Jerry退伍不到一個星期，就去到中國上海工作。

最初，Jerry在台灣應徵到一份台商在中國開公司、做商仲貿易的工作，這個工作的主要內容，是幫有開店需求的公司或個人找合適的店面。而Jerry在工作之餘，一方面利用時間認識上海的社會民情，一方面自己也在這個工作中增加對上海店家現況的了解，同時構思自己創業的機會所在。這個工作做了一年之後，Jerry就辭職自己出來開店，當時就決定要做餐飲，開了名為「元將軍」的店，專賣日式丼飯和壽喜燒。

趁著年輕，開啟創業商機

在短短的兩年內，Jerry一共在上海開了三間分店，都是在百貨商場或購物中心的美食街設專櫃，除了在當時全世界營業額最高的古北家樂福設了專櫃外，Jerry的店還曾經應上海伊勢丹百貨之邀，伊勢丹百貨用很便宜的租金讓Jerry進駐美食街的一個店面，原本那個店面一個月只能做五萬人民幣的生意，後來Jerry做到每個月十八萬人民幣的生意，創下該店面有史以來最高的營業表現。

等到Jerry開了三家店之後，他開始考慮在上海當地做連鎖店的可能，不過當時上海的發展很瘋狂，光是店面租金就很驚人，火紅的程度從Jerry的一通電話就可以看得出來。

那天Jerry從上海打電話回台灣找我：「爸，我剛剛看到一家店面還不錯，店門口貼了海報，一個月租金要八萬元耶。」

我回應他說：「啊，要八萬元，這麼貴喔，好吧，去問問看，再考慮看看好了。」

掛上電話，我心想：「咦，不會吧！」馬上回撥電話打去問Jerry：

「兒子啊，八萬元是什麼幣值啊？」

兒子說：「廢話，當然是人民幣啊，這裡是上海，你以為會是台幣喔！」

我再說：「啊！人民幣，兒子啊，你玩真的玩假的，你一碗丼飯才賣一百多元，一個月店面租金就要將近四十萬元，你要賣多少碗才能夠打平啊，你要不要再考慮考慮啊？」

沒多久，Jerry再打電話給我，跟我說他半個小時前才剛跟仲介問過，等到半小時後再回電話給仲介時，那間店面已經租掉了。

當時，上海的競爭已經激烈到這種程度，店面根本是用搶的，Jerry因為沒有太多資源，也沒有什麼背景或人脈，跟我借的資金也用得差不多了，所以他決定先回台灣，從台灣開始做起，等到做出一個有競爭力的品牌後，到時再看看是不是能到中國發展。

本來Jerry打算把在上海的三家「元將軍」都收掉，不過隔壁櫃位的台灣人有意接手繼續做，於是Jerry就把「元將軍」頂讓給他。現在「元將軍」在中國發展得還不錯，已經開設了五、六家店，連北京、蘇州也都有設立據點。

Jerry離開上海後，去了一趟日本東京，發現日本現在很流行燒肉丼，就連大型連鎖店吉野家也開始販售燒肉丼，Jerry覺得這是一個可以經營的生意，所以回台灣之後就開了「開丼」，主要銷售日式燒肉丼和各種日式丼飯。

在一年內，「開丼」已在內湖、木柵及信義威秀開了三間店，僅有四十個座位的內湖店，月營收竟然超過一百五十萬，每天中午都需排隊，另外還有微風店與南港中信店已經準備開始加盟連鎖，也有投顧公司與他接洽、輔導未來上櫃。

Jerry去上海開店時，由於當時店面的成本高，Jerry的管理和策略也不是非常理想，所以當時「元將軍」雖然生意很好，但Jerry並沒有賺到錢，儘管如此，對Jerry而言，那幾年在上海的實作與失敗經驗很可貴，跟我借的錢就像去國外讀ＭＢＡ繳的學費，後來他去日本找機會，能夠看到燒肉丼正要流行，也是因為在上海學到的經驗，慢慢訓練出來的眼光。

chapter 8

服務業的未來趨勢

未來主題樂園兩大賣點：腦波感動&兒童寓教於樂

透過人與人的互動交流、遊戲中學習的價值，也能達成玩樂的目的！

義大世界現在每年有八百萬以上的人次，購票入園人數一百三十萬以上全國第一，營業額連續三年全國第一，服務滿意度也是全國第一，三連霸兼三冠王的成績，對於親身參與見證義大世界從無到有的我來說，除了感謝與欣慰，還有更多的百感交集。特別是催生主題樂園和打造購物中心的過程，對我來說，真的是一場地獄闖關一樣的試煉，但也因此學到很多，收穫很大。

數位科技、虛擬實境、網路應用趨勢，將對未來的主題樂園與購物商場的經營與生存帶來革命性的改變，身為主題樂園與購物商場的總經理，對這兩個產業，我有一些觀察與預測，想要跟大家分享。

主題樂園未來的趨勢

以往蓋一座主題樂園要有極為雄厚的本錢，因為主題樂園的遊樂設施每一項都所費不貲，造價昂貴，如果要引進最新型，既刺激又新奇的設施，在嚴密安全控制的要求下，一項設備常常動輒數億元，一旦買來，光是折舊攤提就要七年，但是往往還等不到折舊攤提的年限結束，那些遊樂設備就已經老舊不好玩，失去招攬遊客的吸引力了。

樂園的遊樂設施剛引進時總是很紅，能夠用來大作廣告，吸引民眾前來體驗，但是設備只要買來三年、四年，真正有興趣來體驗的民眾差不多都已經體驗過了，所以再也沒有太大的魅力可以吸引人潮，因此做主題樂園的同行大家都會開玩笑說，我們是在幫遊樂設施的機器設備廠商打工，因為主題樂園賺來的錢統統都繳給他們了。

說起來，主題樂園真正能夠賺到的利潤，其實是來自遊客入園後的二次性消費，也就是遊客入園後花錢吃東西、買東西、玩東西的額外收入，不然主題樂園如果只靠門票收入支撐，每一家都要關門倒閉。

我預期主題樂園目前的經營型態與獲利模式，不久的將來就會出現很大的變動，我認為未來主題樂園會有兩大賣點，這兩個賣點分別是「腦波感動」以及「寓教於樂」，而這兩個賣點的推展和執行，如果方法得宜，其實是不需要增加太多成本的。

過去主題樂園的遊樂器材，如大人小孩都耳熟能詳的雲霄飛車或是自由落體，往往是訴諸於滿足人體的刺激感，目的在於挑戰身體的極限，而這些以瘋狂刺激為主訴求的設備，基於遊客生命安全的考量，往往需要很精密的控制系統，所以總是造價高昂，一套要價台幣三、五億元，都算是家常便飯。

不過，這幾年在虛擬實境以及3D動畫等各種影音視覺、數位娛樂科技的快速發展下，未來主題樂園將開始提供以影片音效、同步訊號的互動，搭配不那麼複雜的機械設備，做出一些讓民眾在不同情境下，享受模擬真實的體感樂趣，這就是「腦波感動」。舉例來說，義大遊樂世界推出的「飛越台灣」就是一個開發「腦波感動」最具體的例子。

未來賣點之一「腦波感動」

「飛越台灣」最初打造的時候整組設備的造價為五百六十萬美元，折合台幣約為一億五千多萬元，加上自費拍攝「飛越台灣」的影片，再怎麼樣也比雲霄飛車一套四億元的價格便宜許多。

後來義大遊樂世界推出「地球保衛戰」，很多人以為義大世界又花錢購進全新設備，其實「地球保衛戰」只不過是花了兩百萬元買了一支保衛地球的新影片，然後利用「飛越台灣」既有的硬體設備，只是將同步訊息稍作調整，就讓「飛越台灣」從飛翔的體驗，變成「地球保衛戰」駕著戰鬥機去保衛地球的互動式戰鬥體驗。

義大世界也因應不同客群的屬性調整營運，如配合年輕人或學校團體一早開門營業就入園玩樂的狀況，會在上午十一點以前播放比較刺激的「地球保衛戰」；等到稍晚一些，大人會帶著年紀較小的小朋友陸續入園，在十一點以後則改播比較和緩的「飛越台灣」。

這種調性的遊樂設備，強調的就不再只是感官刺激，或是讓人甩得頭昏腦脹、七葷八素，而是透過影片，運用同步訊號的互動，讓遊客在其中感受景觀美好，或是人機互動的樂趣。而且這些設備可以經由播放影片內容的調整，呈現截然不同的感受，對遊客而言，就像是玩了不同的設施一樣，但對主題樂園的經營者而言，需要投入的成本卻少了很多很多。

另一個「腦波感動」的體驗，則是透過人與人的互動交流，來達成玩樂的目的。例如主題樂園的服務人員和遊客一起玩，讓遊客感到特別親切溫馨，貼心感動，甚至還可能交到朋友。

就像迪士尼樂園的策略，派出大人、小孩都很熟悉的卡通人物或動畫電影角色，從米老鼠、唐老鴨、高飛狗到白雪公主、花木蘭、美女與野獸中的貝兒公主，甚至是怪獸大學裡的毛怪等等，一路上跟遊客合照互動，幾乎所有的小孩看到都會高興得不得了，留下既難忘又美好的記憶。

未來賣點之二「兒童寓教於樂」

另外一個樂園的未來賣點，則是讓兒童可「寓教於樂」的方向。從義大遊樂世界年度護照的會員資料中，我們發現：購買年度護照的會員中，有九成以上是家中有八歲以下的小孩，所以這些會員不是父母親，就是阿公阿嬤，這些會員之所以要買一年內無限次入園的資格，是因為這些八歲以下的小孩可以重複玩同樣的東西五次、十次，甚至上百次都不會覺得膩，所以老是要大人帶他們來樂園玩。

既然小朋友是主題樂園的大客戶，如果能夠寓教於樂，讓來到樂園的小朋友不只是玩樂，也能在其中學到東西，增長知識，那麼一定會讓父母家長更願意常常帶小孩來主題樂園。

平常跟小朋友說去補習班、安親班上課學東西，他們總是不樂意，但是如果問他們去樂園玩好不好，小孩幾乎沒有人不愛，但是怎麼讓小朋友來到樂園玩，可以在遊戲的過程中順便學到東西，讓父母親樂於再繳第二年、第三年的會費，是未來樂園可以努力的一個方向。

舉例來說，主題樂園可以和兒童美語的教學機構合作，將語言學習融入在樂園的遊戲過程中，甚至像天文知識、國際禮儀、各國文化等等知識，都能在和兒童玩樂的過程中自然而然地傳遞，如此一來，就可以讓樂園的超級大客戶，也就是小朋友和家長，都願意常常蒞臨樂園。

有關於「腦波感動」和「寓教於樂」這兩個主題樂園未來發展的趨勢，不但有助於吸引遊客，還能增加消費者的黏著度與忠誠度，相對於以前幾年就要花個幾億元引進新的大型遊樂設備，開發「腦波感動」和「寓教於樂」相關的遊樂設施及服務，更是有效降低成本的經濟做法，這兩大趨勢看重的是內容的設計和互動的模式，對主題樂園的長久經營與財務分配而言，無疑是更值得投資努力的方向。

百貨商場未來只剩三條活路：奢華精品、餐飲休閒、快速時尚

一波新時代的浪潮下，是轉機或是危機，在於能夠看清時勢、及時因應、勇於創新！

在我的觀察及預測中，另一個會出現大變化的產業，就是傳統的百貨商場、購物中心。

近年來網路購物呈現爆發性成長，以僅次於美國的世界第二大經濟體中國為例，二〇一三年中國網路購物的用戶規模超過三億人，全年網購零售交易額超過一點八五兆元人民幣，自二〇〇三年到二〇一一年，中國網購零售市場的平均成長速度為百分之一百二十，高居全球第一，有超過八成的中國家庭曾經在網路上購物。

這些數據在在說明電子商務是一個勢不可擋的大趨勢，無論在中國或

是全世界，電子商務快速發展，必然影響傳統實體店面的經營，甚至將帶來極大的衝擊。

二〇二〇年電子商務在中國

兩年前中國經營大型商場的指標性人物王健林，在一個活動中遇上中國電子商務龍頭阿里巴巴集團創辦人馬雲，當時王健林對馬雲說，電子商務再厲害，還是有電子商務提供不了的產品及服務，於是王健林跟馬雲打賭，如果二〇二〇年電子商務在中國的零售市場占有率達到百分之五十，他就給馬雲一億元，反之，則馬雲要輸他一億元。

對於王健林的挑戰，馬雲當時就表示，中國現在的房地產過熱，透過發展網路購物及電子商務，能夠幫助中國房地產飆漲的價格降溫，甚至避免物價持續上揚，因此馬雲認為如果王健林在二〇二〇年真的贏了，那表示中國社會輸了。

不過王馬的這個賭局還等不到二〇二〇年，就已經分出勝負。王健林雖然還堅稱自己原來的觀點沒錯，認為電子商務絕對不會取代傳統商業，但卻表示近期內他將與阿里巴巴進行合作，發展電子商務。

傳統零售商發展電子商務，開發網路購物平台的速度，在可見的幾年將更加熱烈，受益於科技的快速發展，行動上網、雲端技術、數位匯流等科技進步，催化了網路購物的便利性及多元性，未來想買什麼東西，只要上網訂購，民眾連衛生紙都不用到實體商店購買，只要上網按兩個鍵，過不了多久就會有人直接送達家門。

參與開發經營義大世界購物廣場這幾年來，我也開始思考未來百貨公司、購物商場等實體商店在電子商務趨勢帶動下可能的發展及生存之道，我歸納出未來百貨商場只剩下三種生存的可能，這三個可能分別是：奢華精品、餐飲休閒以及快速時尚。

時勢之一——奢華精品

購買奢華精品的過程，享受的從來就不只是買到的商品本身，而是從品牌本身所建構的形象與消費者個人心中的自我價值認同，到整個購物的過程所創造的尊貴感、豪華感、時尚感等氣氛，加上後續為這些精品的擁有者提供專門獨有的一連串服務與榮耀。

這些購買奢華精品所能感受到的種種氛圍，是電子商務難以如實傳遞，無法加以取代的部分，就算未來網路購物再普及，再風行，國際一流精品的銷售雖然可能也會透過網路購物平台，但必然會維持實體商場的經營，甚至把商場打造得更加華麗、更加奢靡，持續服務這些金字塔頂端的消費者。

時勢之二——餐飲休閒

第二個網路購無法取代的實體商務領域，則是餐飲休閒。

吃飯和休閒一樣，都是一種透過親身體驗的活動。電子商務提供的餐飲服務，就好像訂便當、訂披薩，就算再怎麼方便，消費者也不會想天天叫外賣，用餐是人與人互動的重要場合，很多的人際往來都是利用吃飯的機會進行，因此未來百貨商場和購物中心的各種餐廳、咖啡店、美食街等餐飲的提供，將是吸引人潮的重要賣點，這是網路購物再發達，也無法讓人們從此宅在家裡，足不出戶的一個重要原因。

至於休閒的部分也是如此，虛擬世界再怎麼美好，人類終究還是需要真實體驗，休閒活動便是其中一個極度重視體驗的項目，所以包括電影院、遊樂場、兒童教育、娛樂等需要身體力行的活動，也是未來百貨商場吸引人潮的一大重點。

時勢之三——快速時尚

至於，第三個實體商店的機會，則在於快速時尚。

所謂的快速時尚，最具代表性的就是來自西班牙的品牌「Zara」。在Zara的實體商店中，天天都有新款，永遠引領流行，就連在網路上的店家動作都沒有Zara的店面快，重點是店頭的商品完售之後，是不會再補貨的，更別說還幫你查貨、調貨，如果現場沒有看到，就是沒有，因此消費者唯有去到現場購買一途。

快速時尚將是未來實體店面經營重點之一。Zara的老闆曾經是歐洲首富，另一個也走類似商業模式的Uniqlo曾經是日本首富，這兩點就可看出端倪。現在再花大錢去蓋那種傳統的大型百貨公司，是一項錯誤的投資，我認為目前的百貨商場中，至少有百分之五十的空間會在未來做出改變。

現今百貨公司一樓的國際精品專櫃，二樓的Zara或Uniqlo等快速時尚品牌，地下室的美食街，以及最高樓層的各式餐廳，將是未來較不受影響的樓層，但是從三樓以上到倒數第二高樓層之間的專櫃，日後都可能轉進電子商務，民眾不會為了購買這些商品來到百貨公司，只要透過網路訂購即可，因此這些目前銷售一般品牌的商場空間勢必要重新規劃出其他的用途，而頂樓應該是電影城或會展活動、遊戲互動空間。

一個時代的結束，往往也代表著另一個時代的開始，究竟是轉機或是危機，最終還是要回歸到是否能夠以具有前瞻性的眼光，作出精準的判斷，能夠看清時勢，順應潮流，做出及時合宜的因應與轉變，就不必對於迎面而來的改變感到焦慮。

身為百貨業者或各種商品的供應者，電子商務的興起已經是勢不可擋的必然，如何抓住世代轉變的浪潮，能夠在大浪中竄起，就要看是否能夠洞燭先機，勇於創新。

海島經濟，世界舞台

年輕人要走向世界，學著放寬自己的胸襟和視野！

這幾年出國打工的年輕人愈來愈多，很多年輕人希望能夠趁年輕的時候有機會去其他國家地區工作或生活一段時間，藉此增加自己的國際視野與競爭力，不過如果去歐美國家工作，語言及其他相關條件上的限制比較多，所以選擇到能用華語溝通的國家或許是一個折衷的辦法

前一陣子，政府公布了一項資料，提及近三年台灣人到新加坡打工的人數成長了三倍，平均月薪約六萬元台幣。新加坡，本來是一個不見容於馬來聯邦而獨立出來的華人小島，但是新加坡政府非但沒有因此而感到自憐，反而激發出人民面對全世界的視野與雄心，開始和全世界做生意，從不強調民族主義，為了能和更多歐美國家競爭，選擇英文做為官方語言，

不執著在抽象的意識形態上，成功地讓這個蕞爾小島，成為全球經濟發展中絕對不可忽視的所在。

提升經濟力和競爭力

地球的主流是「經濟力」和「競爭力」，以色列之所以在這麼多阿拉伯國家的包圍下，還能夠生存得這麼好，也是因為以色列人有極為強大的經濟力和競爭力，新加坡也是如此。

新加坡人的收入是台灣的兩倍半到三倍，因為新加坡積極地融入全世界的步調，其國民便具有世界觀和國際觀，進而提升了國家的競爭力，成為一個實力堅強的國家，也因此不用擔心會被侵略，很多跨國大企業都把亞太地區或是東南亞地區的總部設在新加坡，例如國際精品LV的東南亞總部就設在新加坡，這等於無形中為新加坡的國家安全買了高額保險。

台灣也和新加坡一樣是一個海島型國家，要發展國家經濟和實力，也應該要走出台灣，走向世界，以我熟悉的百貨公司和主題樂園為例，全台灣年營業額達到一百億以上的百貨公司，不會超過三家，而全台灣年營業額要超過十二億的主題樂園也只有義大世界一家，因此我鼓勵台灣年輕人要走向世界，放棄抽象的政治意識形態，學著把自己的胸襟和視野放寬，拉高自己的位階。

其實現在去到香港、新加坡、澳門、上海工作的台灣人，很多都只是出社會不久的年輕人，並不是什麼中高階主管或資深有經驗的社會人士，這些還沒有累積很多工作經驗的年輕人，之所以能夠去其他國家工作，很大一個原因只是因為有企圖心，很早就想過要出國歷練一下，增廣見聞，因此提早做了幾年準備，例如積極地培養自己的外語能力，多了解各國的不同歷史、風俗、民情，或是鎖定自己有興趣的產業、企業，留意徵才等各種相關資訊。

放眼世界，擴展視野

海島經濟要放眼世界，如果年輕人不能積極地找出路，不肯務實地打好基礎，對未來也沒有什麼想法，只是整日在網路前狗吠火車、互相取暖，那麼就是把自己困在一個沒有出口的死胡同中。

現在，從原本的「世界工廠」，中國正在轉型成為一個世界市場，急速發展擴大內需下，對來自全世界各個領域的人才有著強烈的需求，台灣和中國因為語言上和文化上的相近，所以有其他國家人才所沒有的優勢，對台灣而言，這是百年難得一見的機會，千萬不要因為意識形態而自我設限，要好好把握住這些優勢和機會，讓自己的人生和事業競爭力都能夠提升。不要自限只在台灣內，應該想辦法爭取去不同國家見識的可能，即使去了再回來也都值得，至少把自己的視野放寬。

哥吉拉吸收核能，成功的人則吸收苦難，轉化成力量

跌倒得來更多的成長經驗，從失敗中學習，就是邁向成功的第一步！

我當學生的時候，是個不愛唸書的小孩，經常蹺課，常常把時間用來打工、約會，交朋友，高中的時候甚至搞到被三個學校勸退，讓我的爸爸媽媽傷透了腦筋。

在讀書的時候，我在考試時總很會猜題，有時候也免不了準備小抄或作弊以求pass，所以雖然那時總是忙著打工和約會，不過卻很少被當，因為我總是在考試前很有效率地K書，最後總能低空飛過。所以，雖然我花很少的時間讀書，但卻從那時就開始訓練我對「效率」的重視，那時我從考試中學到的，就是效率、效率、效率！

知識無價，但活用才是你的

現在我常常被邀請去許多大專院校演講，在跟學生分享我的工作經驗以及人生經歷時，一提到我的求學經驗，還有對很多人死讀書、卻不懂得思考和應用的方式，讓我覺得光會讀書是沒有用的時候，不小心就會看到出席旁聽的老師、教授或是系所的主任臉上三條線。

我一直認為知識必須活用，書本上的知識如果不能依照現實狀況調整應用，就只是死的教條，對人生和世界都沒有幫助，甚至還會產生害處。就像孔子的儒家思想、老莊的無為而治，用在今天的社會，也必須因時、因地制宜，透過萃取與詮釋，重新賦予符合現代精神的定義，才能讓這些論述發揮作用，應用在生活中的各個層面。

失敗中汲取教訓，總會有成果

我總覺得，如果想做要什麼事，就得要去嘗試！就算做了一次沒成功，卻已經累積了下次成功的資本。人類的成功其實是從失敗中汲取教訓得到的成果。

我在退伍後一個月就自己開公司，然後開始不斷地跌倒，奮力爬起後再次跌倒，每一次跌倒都讓我學習怎麼爬起來，並站得更穩，我今天如果算是有點競爭力的話，就是因為我有夠多失敗跌倒的經驗，那些從挫敗中累積出來的膽識，讓我有自信敢答應林董事長，接下義大世界投資高達五百億元的開發案。

爸爸說：「只做好人不夠，要發光發熱」

我的成長家庭背景：父親給我的啟示，母親給我的激勵。

我和Jerry的互動一直像是朋友，從不擺出家長的架子，就像當年我和父親也很有話聊，爸爸的話對我影響深遠，我還記得有幾次和父親長談，父親曾經跟我說過，做人要敦厚踏實，善良和氣，但是，一個人一生只做好人，是不夠的！人應該要想辦法讓生命發光發熱才不枉此生！天生我才必有用，每個人都有自己的天賦，千萬不能妄自菲薄，人只要了解自己的長處，好好地發揮自己的優點和長才，一定可以讓人生過得精采。

這些話我一直記得很清楚，也因此，在我的人生中，不斷地努力打拚，就是因為父親說的：「**人不能只甘於做一個好人，還要讓生命發光、發熱！**」

爸爸教會我的那些事

我來自一個有六個小孩的大家庭，六個小孩的排序正好是女男女男女男，我排行中間，是家裡的第二個男孩。那個時代男生還是家裡比較受寵的小孩，不過我這個次子，既不像長子受到父親高度期待與關注，也不像么子可以得到母親額外的偏愛，夾在中間的我，常常覺得自己不被重視，只不過是家中一群小孩的其中一個罷了。

我的爸爸是從中國福建過來的公務員，跟著國民政府來到台灣之後，繼續在公家單位任職，當個小官，我們六個小孩加上祖父及爸爸媽媽一家九口住在公家宿舍，生活開銷雖然全靠父親一個人的公務員薪水，不過當時台灣社會大家普遍生活都不富裕，父親的收入還足夠我們一家人維持小康的生活，公家宿舍甚至還配有在當時很罕見的電話。

我父親終其一生，敦厚善良，溫文和氣，是一個很好的人，我一生受父親的影響很大，他是我的精神支柱，人生的幾個重要時刻，父親往往成為我最後下決定的最大關鍵，在選擇要走哪一條路的時候，父親的形象及為人，總是從我的腦海裡跳出來，當我想要做壞事時，就想到我爸，覺得我爸一生清清白白的，我絕對不能夠做出讓他感到難堪的事。

父親對小孩的教育一向溫和，即使在我青春期最叛逆，最讓他苦惱的那段期間，父親也幾乎沒有對我咆哮打罵過。父親只是用他一貫的溫和，在我負氣離家出走的時候，一個人騎著腳踏車大街小巷地找我；在我三次被學校勸退時，默默地幫我找到願意收留的學校。在當年「違警罰法」還沒廢除時，我因為頭髮太長被帶去警局的時候，來派出所把我保回家。

媽媽教會我的那些事

相對於父親的溫和寬大，我的母親則是屬於另外一個典型。

我媽媽是出生在富有人家的獨生女，從小在西門町長大，當時西門町正是繁華熱鬧的市中心，媽媽的娘家經濟情況非常不錯，而她又是家裡唯一的女兒，所以從小嬌生慣養，備受呵護，也因此養成了媽媽個性上主觀自我，很難感受別人的需求，更別說能夠懂得體貼別人，說話也總是犀利苛刻，直來直往，從來沒想過尖銳的言語可能會傷害別人。

身為家中有三個男孩的次男，我很明顯地感覺到自己不像哥哥或弟弟，能夠得到父母那麼多的關注和寵愛，因此常常會覺得不平衡。假如我們家的經濟情況很差，父母需要為三餐奔波煩惱，也許我反而不會那麼強烈的意識到自己是個不那麼被重視的孩子，就是因為家中生活安定，經濟條件不是太差，日常生活沒有什麼太大的問題，所以父母和子女的互動就變得很重要，爸爸媽媽對特定小孩的偏愛就變得更加明顯。

進入青春期之後，我開始更加叛逆，對母親的不滿日益強烈，有幾次跟媽媽起了口角衝突，一氣之下就離家出走，爸爸知道之後，就騎著腳踏車滿街找我，一找到我就硬把我拖回家，然後要我跟媽媽低頭道歉，但是我心裡壓根不認為自己有錯，對一個感覺滿腹委屈又叛逆不羈的青少年而言，心裡除了憤怒，又因為不能違逆父親的意志，所以不斷地在內心告訴自己，有一天我一定要做出一番大事業，讓媽媽刮目相看，如果我不能闖出一番成績，這一生在媽媽面前就永遠抬不起頭來。

回顧我的人生，在我年輕打拚的歲月中，從小母親對我的嚴苛言語和冷漠態度，就一直是鞭策我一定要出人頭地的最大動力，在當兵退伍之後，我一心一意想要闖出自己的一片天地，做出一番事業。我認為，唯有如此，才能夠讓我媽媽知道，她的二兒子並不是一個叛逆沒用，整天只會製造麻煩，惹是生非的小孩。憑著一股要向媽媽證明自己的念頭，我沒日沒夜地在工作中拚搏，告訴自己，我一定要成功！

現在，我和媽媽的關係早已不像當年那樣的劍拔弩張。年輕時，我一心要得到母親的肯定，所以發奮打拚做出漂亮的成績，這也的確讓媽媽對我改觀。很久之前，我就知道媽媽以我為榮，她會在親友面前驕傲地告訴他們：她的二兒子做出了什麼成績，成就了什麼事業。我現在雖然因為工作很忙，沒辦法常常回去看媽媽，不過三不五時打打電話，有空的時候也會找我媽出來一起吃個飯。在我年輕的時候，根本想不到，有一天自己也能夠和媽媽相處得這麼好。

當年，我為了向媽媽證明自己的能力，逼自己一定要爭一口氣，也因此讓自己從年輕就開始全心投入工作，總算能夠做出一點成績，讓自己沒有白白地過。現在我很珍惜和媽媽的相處，在工作得到的成就感和滿足感早已超過要向任何人證明自己的幼稚心情，不過當年那個自認為沒人疼的叛逆小孩，回頭再看，竟然有點感謝老天安排那個敏感、憤怒又勇氣十足的年輕人，以及曾經那麼嚴格強悍，逼得那個年輕人一心一意一定要成功的母親。

衷心感謝伯樂，讓我的人生得以進階！

藉由別人給的機會成長，並期許自己在無限的未來之中成為別人的伯樂！

我至今三十多年的工作經驗，從事的行業別其實很廣泛，從最早的建築業、廣告業、餐飲業、房屋代銷、服飾代理、運動用品專賣、媒體傳播事業，一直到加入義聯集團，投身開發國際休閒觀光度假村，打造主題樂園、購物中心，以及高級飯店，甚至也因此接觸了數位娛樂媒體產業。

每個不同的行業，我都親身參與，從實務中學習歷練、累積經驗，過程中的辛苦不足為外人道，但正是這些從零開始，一直做到專精的過程，讓我有信心即使進入某個全新的領域，也能從外行領導內行開始，走出一片天。

我特別感謝義聯集團的林義守董事長，謝謝他當年願意給我這個沒有很高的學歷、也沒有真的非常顯赫成功作品的人，一個可以自由伸展的舞台，讓我的生命更加豐富。

伯樂讓我人生進階

林董事長不但大膽用我，也給我很大的發揮空間，同時包容我堅持不妥協的個性，在共事的過程中，總有一些時候，我和林董事長的想法不一樣，有時甚至為了爭取推展業務，或是提出未曾見容於市場的計畫，而和林董事長有過爭執，但是林董事長總是有耐心聽完我的解釋，然後給我足夠空間去嘗試，林董事長真的教了我很多東西，也給了我很多機會，讓我的人生得以進階。

現在想想，當初林董事長找我來加入義大世界團隊的時候，他其實還不甚了解服務業，也好在那時林董事長還不了解服務業，所以才會大膽用我，讓我開發義大世界。一旦對產業有了了解，往往也代表有了既定的印象與框架。

當初，林董事長和我憑著一股信念和勇氣，兩個人都冒了很大的風險，卻因為對彼此有信任，有共同的信念，即使從外行開始，卻能做出讓內行人也稱好的成績。

我很高興在人生中可以遇到這樣的伯樂，也期許自己成為別人的伯樂。同時我還持續鞭策自己，想運用既有的經驗，去挑戰更多的可能，在更大的舞台上施展身手，從台灣走向全世界。然後再把自己一點一滴累積出來的經驗和價值，用最好的方式回饋貢獻給努力打拚、為自己和社會找出路的年輕人。

對我來說，這是最圓滿的人生。

後記

我的心願——企業義診！

我沒有郭台銘的財富可捐台大回饋，但我有很大跌倒經驗的分享！

美國北方有一個小鎮，一到冬天整個城鎮總是被大雪冰封，冰天雪地裡在路上開車非常危險，車子很容易在路上拋錨。有一天深夜，一對夫妻趕著回家，結果車子卻突然在半路熄火，當時已經是晚上十一點多，前不著村，後不著店，如果沒有人來救援，這對夫妻可能會有生命危險。

先生急著開始打電話給保養廠，但是都沒有人接，好不容易找到一家保養廠接通了電話，也願意趕過來幫忙看看情況，但是先生掛上電話後，太太突然焦急地問起：「你剛才有沒有問對方他這樣子過來要收多少錢啊？」先生說：「沒有，我沒問，都什麼情況了，人家願意來就很感謝了。」太太說：「如果他來了之後獅子大開口，我們不是只有被敲竹槓的份嗎？」先生說：「妳真的很傻，萬一我一問，知道他要跟我們收很高的價錢，我跟他討價還價，搞不好他就不來了，那我們不是更慘嗎？無論如何先等人來把車子修好了再說，等車子修好，到時候他如果要價太高，我們再想辦法跟他賴皮好了。」太太心想先生說得沒錯，也就沒再多說。

沒多久，汽車師傅來了，是一位老先生，老先生很快地就解決問題把車修好了。兩夫妻準備要問多少錢，都想好要一搭一唱跟老先生哭窮，好讓老先生知難而退，不至於漫天要價。沒想到老先生卻告訴這對夫妻：「不要錢。」正當兩夫妻覺得納悶時，老先生接著說：「幾年前我也曾經跟你們一樣，在下大雪的夜裡車子拋錨在路上，當時有一對好心的夫妻下車幫了我的忙，救了我的命，我一直記在心裡，但這些年來一直苦於沒有機會能夠好好感謝他們對我的善意，今天很謝謝你們讓我有這個機會可以回饋，等於是了了我的一樁心願。」

這個小故事讓我很有體會，我的人生一路上遇到很多貴人，在我陷入困境的時候伸出援手，拉我一把，讓我可以度過難關，所以我一直也很希望能夠幫助需要幫助的人。我在想，如果我要回饋這個社會，我有什麼可以提供的資源？我發現，我這二、三十年來自行創業的經驗，以及從無數挫敗中跌倒再站起來的心得，也許可以幫助到很多跟我一樣想要創業的年輕人。

我職涯的前半段幾乎都是自己創業，埋頭拚命學習和工作，做出了一番還算不錯的成績，但是直到去了義大世界，才有機會讓自己在職場上的能力得以提升到另一個層次，開啟了更多的可能。

我問過不少年輕人畢業以後最想做什麼，凡是想創業自己當老闆的，不外乎開家咖啡店、開間服飾店之類的小店，尤其是小女生更明顯。這些年輕人畢業之後，的確真的有人想辦法跟家裡人借點錢，或是跟銀行貸款，揣著創業夢跑去開了店。

開店前的規劃、找店面、做裝潢、決定商品，所有的前置過程，到真正開店，然後開始營業，這前後約三個月的時間，這些年輕人確實都享受著開店的樂趣和夢想成真的快樂，沉浸在自己當老闆的滿足感中。

只是往往等到開店三個月，或是半年之後，最初創業的衝動和熱情慢慢消逝了，回歸到每天營業的數字，如果生意不好，每個月還要倒賠房租或補貼員工薪水，一旦持續增加負債的話，這些小店常常撐不了太久，就只好結束營業。

曾經有過統計，人生第一次創業的失敗率高達八成。這些因缺乏周全規劃就出來創業的年輕人，如果因為經營不善而結束創業，之後再進到企業上班，每個月就算能領三十K、四十K，但還得一邊償還之前幾十萬甚至上百萬的負債，可能要花個十年八年的時間才能全部清償，之所以導致人生負債十年的原因，很可能只是因為一個衝動，或是一個浪漫的想像。

我雖然有很多創業、叛逆的經驗，但我其實是個很務實的人，我的每次創業都經過很審慎的思考，盡可能周全的規劃，絕對不是單憑運氣或是一股傻勁。

看到這些年輕人因為缺乏經驗，所以創業不順利，甚至搞到背負債務長達十年，我真的很希望能夠給他們一些建議，我一直有一個念頭，想要成立一個「企業義診顧問公司」，用我的精力和經驗去幫助有心創業的年輕人，在他們創業初期，提供諮詢，扮演導師的角色。

我現在還沒完全確定要怎麼做，以及何時開始做，很可能會先從成立一個網站開始。我個人的心願是，如果透過我的義診，減少年輕人衝動所造成的傷害、困頓，進而增加他們的競爭力，如能獲利後再轉而回饋社會，那一定是令人十分欣慰的美事。

國家圖書館出版品預行編目資料

跳海不成的創業人生 / 楊濟華 著；-- 初版. -- 臺北市：平安，2014.12
面；公分. --（平安叢書；第 460 種）(邁向成功 ;54）
ISBN 978-957-803-935-3（平裝）

1. 楊濟華 2. 臺灣傳記 3. 創業

783.3886　　103021552

平安叢書第 460 種
邁向成功 54

跳海不成的創業人生

作　　者—楊濟華
發 行 人—平雲
出版發行—平安文化有限公司
台北市敦化北路 120 巷 50 號
電話◎ 02-27168888
郵撥帳號◎ 18420815 號
皇冠出版社（香港）有限公司
香港上環文咸東街 50 號寶恒商業中心
23 樓 2301-3 室
電話◎ 2529-1778　傳真◎ 2527-0904
責任主編—盧春旭
責任編輯—陳柚均
美術設計—季曉彤
著作完成日期— 2014 年 09 月
初版一刷日期— 2014 年 12 月

法律顧問—王惠光律師

讀者服務傳真專線◎ 02-27150507
電腦編號◎ 368054
ISBN ◎ 978-957-803-935-3
Printed in Taiwan
本書定價◎新台幣 280 元 / 港幣 93 元

皇冠60週年集點暨抽獎活動專用回函

請將5枚印花剪下後，依序貼在下方的空格內，並填寫您的兌換優先順序，即可免費兌換贈品和參加最高獎金新台幣60萬元的回饋大抽獎。如遇贈品兌換完畢，我們將會依照您的優先順序遞換贈品。

●贈品剩餘數量請參考本活動官網（每週一固定更新）。所有贈品數量有限，送完為止。如贈品兌換完畢，本公司有權更換其他贈品或停止兌換活動（請以本活動官網上的公告為準），但讀者寄回回函仍可參加抽獎活動。

1. ____________ 2. ____________ 3. ____________

●請依您的兌換優先順序填寫所欲兌換贈品的英文字母代號。

1 2 3 4 5

□（**必須打勾始生效**）本人____________（**請簽名，必須簽名始生效**）同意皇冠60週年集點暨抽獎活動辦法和注意事項之各項規定，本人並同意皇冠文化集團得使用以下本人之個人資料建立該公司之讀者資料庫，以便寄送新書和活動相關資訊。

我的基本資料

姓名：____________

出生：______年______月______日　性別：□男　□女

身分證字號：____________（僅限抽獎核對身分使用）

職業：□學生　□軍公教　□工　□商　□服務業

□家管　□自由業　□其他

地址：□□□□□ ____________

____

電話：（家）____________（公司）____________

手機：____________

e-mail：____________

□我不願意收到皇冠文化集團的新書、活動edm或電子報。

●您所填寫之個人資料，依個人資料保護法之規定，本公司將對您的個人資料予以保密，並採取必要之安全措施以免資料外洩。本公司將使用您的個人資料建立讀者資料庫，做為寄送新書或活動相關資訊，以及與讀者連繫之用。您對於您的個人資料可隨時查詢、補充、更正，並得要求將您的個人資料刪除或停止使用。

皇冠60週年集點暨抽獎活動注意事項

1. 本活動僅限居住在台灣地區的讀者參加。皇冠文化集團和協力廠商、經銷商之所有員工及其親屬均不得參加本活動，否則如經查證屬實，即取消得獎資格，並應無條件繳回所有獎金和獎品。

2. 每位讀者兌換贈品的數量不限，但抽獎活動每位讀者以得一個獎項為限（以價值最高的獎品為準）。

3. 所有兌換贈品、抽獎獎品均不得要求更換、折兌現金或轉讓得獎資格。所有兌換贈品、抽獎獎品之規格、外觀均以實物為準，本公司保留更換其他贈品或獎品之權利。

4. 兌換贈品和參加抽獎的讀者請務必填寫真實姓名和正確聯絡資料，如填寫不實或資料不正確導致郵寄退件，即視同自動放棄兌換贈品，不再予以補寄；如本公司於得獎名單公佈後10日內無法聯絡上得獎者，即視同自動放棄得獎資格，本公司並得另行抽出得獎者遞補。

5. 60週年紀念大獎（獎金新台幣60萬元）之得獎者，須依法扣繳10%機會中獎所得稅。得獎者須本人親自至本公司領獎，並提供個人身分證明文件和相關購書發票（發票上須註明購買書名），經驗證無誤後方可領取獎金。無購書發票或發票上未註明購買書名者即視同自動放棄得獎資格，不得異議。

6. 抽獎活動之Deseno行李箱將由Deseno公司負責出貨，本公司無須另行徵求得獎者同意，即可將得獎者個人資料提供給Deseno公司寄送獎品。Deseno公司將於得獎名單公布後30個工作天內將獎品寄送至得獎者回函上所填寫之地址。

7. 讀者郵寄專用回函參加本活動須自行負擔郵資，如回函於郵寄過程中毀損或遺失，即喪失兌換贈品和參加抽獎的資格，本公司不會給予任何補償。

8. 兌換贈品均為限量之非賣品，受著作權法保護，嚴禁轉售。

9. 參加本活動之回函如所貼印花不足或填寫資料不全，即視同自動放棄兌換贈品和參加抽獎資格，本公司不會主動通知或退件。

10. 主辦單位保留修改本活動內容和辦法的權力。

寄件人：

地址：□□□□□

請貼郵票

10547 台北市敦化北路120巷50號

皇冠文化出版有限公司　收